# JEEP
## Allrad-Allrounder
### Vom Willys MA zum Crysler Cherokee

Arch Brown • Jeep – Allrad Allrounder

Die Originalausgabe ist erschienen unter dem Titel **Jeep – The Unstoppable Legend** ISBN 0-7853-0870-9

**Deutsche Fassung: Jan Leek**

Einbandgestaltung: Ina Olenberg
Titelbild: Archiv Motor Presse Stuttgart



ISBN 3-613-01785-7



1. Auflage 1997



Lektorat: Joachim Kuch
DTP: IPa, Vaihingen/Enz

Printed in USA

## Danksagung

**Fotos:**
Die Redaktion bedankt sich bei den folgenden Personen, die uns Fotos zur Verfügung gestellt haben:

A.H. Axelrod; Joe Bohovic; Jim Frenak; Thomas Glatch; Dave Gooley; Dan Lyons; Vince Manocchi; Michael Maxey; Mike Mueller; Gary D. Smith; Richard Spiegelman; Nicky Wright

**Ein besonderes Dankeschön an:**
Jim Arnold, Jeepers Jamboree, Georgetown, Kalifornien; Peggy Dusman, American Automobile Manufacturer's Association; Dan R. Erickson, Ford Photographic Service; Marti Gansz, George C. Marshall Foundation, Lexington, Virginia; Ita Golzman, Irene Ackerman, King Features Syndicate; Ron Grantz, Jerry Cock, National Automotive History Collection, Detroit Public Library; Molly Jean, Automobile Magazine; Klaus Parr, Porsche Archiv, Stuttgart; Rich Ray; Brandt Rosenbush, Chrysler Historical; Jeepin' Jeff Schwarz von der Jeep Registry, Oakland, New Jersey; David Shirley, Mitchell Corporation in Owosso, Michigan; Katie Talbot, Patton Museum, Fort Knox, Kentucky; Carolyn Wright, U.S. Army Transportation Museum, Fort Eustis, Virginia; Carl F. Walck's Four Wheel Drive, Bowmanstown, Pennsylvania; The Willy's Club, Bowmanstown, Pennsylvania.

**Illustrationen:**
Mitch Frumkin; David Hoogan; Mark Neeper; Tom Piagari

**Besitzer:**
Besonders Dank an die Besitzer der in diesem Buch abgebildeten Autos für ihre enthusiastische Mitwirkung:

A.H. Axelrod; Dale P.Aylward; D.Clinton Bailey; Charles Barnett; James E.Dinehart; Frank Donnely; Arthur D.Gloss; Tom Haberkamp; Ronald Hattner; Forrest D.Howell; Andrew Magyer; David Marshall; Roland Olm; B.C.Pyle; Mike Scholer; H.Robert & Katheryn Stamp; Dick Tait; Richard Talanca (Talanca Military Vehicle Restorations)

INHALT

VORWORT

# Das amerikanische Wunder

Ganz sicher hat kein anderes Fahrzeug so viel Respekt und Zuneigung gewonnen wie im Zweiten Weltkrieg der Jeep. Gut, das T-Modell von Henry Ford in den ersten beiden Jahrzehnten dieses Jahrhunderts kommt nahe dran, aber eben nur beinahe. Und das Modell T war wegen seiner Zerbrechlichkeit und Tücken meistens das Ziel unzähliger Witze und Scherze. Die Besitzer hatten immer etwas zwiespältige Gefühle ihrem Auto gegenüber. Und sie mußten auch nicht durch dick und dünn rasen, wie die Soldaten mit ihren Jeeps.

Für den Jeep gehörte der Krieg zum Alltag und Ursprung. Das Band zwischen Fahrer und Fahrzeug wuchs mit jeder Gefahr, wurde immer stärker, so etwa wie die zwischen einem Reiter und seinem Pferd unter ähnlichen Umständen. In einem der bekanntesten Cartoons der Zeit zeigt Künstler Bill Mauldin wie ein Sergeant, weggedrehten Blickes, mit seinem 45-kalibrigen Colt seinem Jeep den Gnadenschuß gibt.

Ernie Pyle, der beliebteste der amerikanischen Kriegsberichterstatter, nannte den kleinen Wagen »die größte Erfindung des Zweiten Weltkriegs«. Er fügte hinzu: »Ich sehe nicht, daß wir ohne den Jeep den Krieg gewonnen hätten!« (Wie ironisch, daß Pyle im April 1945 auf der Insel Iwo Jima einem Scharfschützen zum Opfer fiel, als er sich gerade hinter einem Jeep versteckte.) Es war nicht nur Sentimentalität, die dafür sorgte, daß der Jeep in Meldungen öfter als jedes anderes Kriegsgerät erwähnt wurde. General George C. Marshall, später von dem Präsidenten Harry S.Truman als der »größte lebende Amerikaner« bezeichnet, nannte den Jeep als »Amerikas größten Beitrag zur modernen Kriegsführung«. Hier war nähmlich ein Fahrzeug, das überall hinkam - und, dort angelangt, praktisch jede Aufgabe erfüllen konnte. Ursprünglich als Aufklärungsfahrzeug konzipiert, machten seine flinken Eigenschaften aus ihm bald einen Alleskönner.

Lyman M. Nash schrieb in *The American Legion Magazine*: »Der Jeep konnte Rauchvorhänge legen oder heißes Wasser fürs Rasieren liefern. Er diente als Kommandozentrale, als Krankenwagen an der Frontlinie, als Löschwagen und Schneepflug. Er lieferte frische Sokken und Notproviant, zog Kanonen und Flugzeuge. Seine breite, flache Haube war Eßtisch, Unterlage für Karten oder Altar für Feldgottesdienste. Der Jeep revolutionierte den Landkrieg und erlaubte den Soldaten die Front zu erreichen, ohne schweres Gepäck oder Munition schleppen zu müssen.«

A. Wade Wells schrieb 1946 in seinem Buch *Hail to the Jeep*, daß »die meisten Offiziere vom Rüstungsamt behaupten, daß die Entwicklung und Existenz des Jeeps eindeutig auf militärischen Bedürfnissen ruhten. Sie wußten, sollte Amerika noch einmal in den Krieg zie-

Der Jeep wird im *Merriam Webster's Tenth Edition* wie folgt beschrieben: »Kleines, allgemeines Fahrzeug mit 80-Zoll Radstand und Allradantrieb, verwendet von der US Army im Zweiten Weltkrieg. Nach dem Verkauf an Kaiser wurde der Name Jeep geschützt. Die Marke produzierte mehrere erfolgreichen Fahrzeuge dieser Art und ist heute im Besitz von Chrysler.«

***Willys erfand den Jeep zwar nicht, perfektionierte aber das Konzept, lieferte den Antrieb und baute die meisten Exemplare im Zweiten Weltkrieg. Schon vor dem Kriegseintritt der USA 1941 hatten Willys Modell MB und Fords GPW-Version im Kampf gestanden und bei den Alliierten einen guten Ruf erworben (rechts oben). Soldaten, aber auch Zivilisten, schätzten seine Qualitäten und die Zeitungen waren bald gefüllt von heroischen Taten, wo der Jeep eine Rolle gespielt hatte. Heute hat die Marke Jeep vier Besitzer hinter sich, mehrere finanzielle Krisen überstanden und elf amerikanische Präsidenten überlebt. Das Grundkonzept ist auch im heutigen Wrangler (rechts, Mitte) noch zu finden, ebenso wie im Grand Cherokee (unten rechts). Letzterer hat im Prinzip noch die gleichen Eigenschaften wie der Weltkriegs-Jeep, dazu aber Komfort und Qualität, von dem die damaligen Soldaten nur hätten träumen können.***

2036590

JEEP 87

hen, handelte es sich um eine mechanische und motorisierte Kriegsführung.« Zwei Faktoren waren wichtig: Effektivität und das Wohlbefinden der Soldaten, die erste Aufgabe jedes Offiziers. »Es gibt womöglich einen dritten, weniger ausgesprochenen Grund warum die Motorisierung gewünscht war«, fährt Wells fort. »Tief in ihren Herzen wollten sie das Pferd vor dem Horror des Krieges schützen. Es ist vielleicht wahr, daß der Jeep aus den Todesschreien eines Pferdes, von Granaten zerrissen, geboren wurde. Der Anblick von Tieren, vom Krieg verwundet oder tot, oder sterbend an Hunger oder Krankheiten, war etwas, was die Männer im Feld am schlechtesten vertragen konnten.« Aus der Sicht der Effektivität war selbstverständlich auch der Einsatz von Pferden pure Verschwendung. Ein Mann mußte auf das Pferd aufpassen, während ein zweiter an der Schlacht teilnahm.

Der Jeep brachte aber selber einige Vorteile mit. Klein und kompakt konnte er an die Front per Fallschirm oder Gleitflugzeug geschickt werden oder Gewässer auf einem Floß überqueren. Der Jeep sorgte auch für Unterhaltung. Es gab für einen kriegsmüden Soldaten nichts schöneres als eine Frau vom Women's Army Corps oder Women Accepted for Volunteer Emergency Service zu beobachten, wenn sie in einen Jeep einstieg. Es sei denn, eine dieser WAC oder WAVE beim Aussteigen zu beobachten...

Der Jeep wurde in allen sozialen Schichten bekannt, bei Reichen und Armen zugleich. Madame Chiang Kai-shek fuhr in Kairo in einem Jeep herum. Königin Elizabeth von England verwendete einen Jeep bei ihrem Besuch in Nordirland während des Krieges. Präsident Franklin D. Roosevelt inspizierte seine Armee in Marokko vom Vordersitz eines Jeeps aus. Premier Winston Churchill beobachtete die Landung in der Normandie in einem Jeep. General George S.Patton wählte einen Jeep als Transportmittel für seine Reise nach Fatale in Marokko, um die Kapitulation eines französischen Generals entgegenzunehmen.

Hollywood konnte selbstverständlich nicht daran vorbeigehen und die Musiker auch nicht. Songs - allesamt leider solche, die die Welt nicht braucht - umfaßten solche Juwelen wie *A Jerk in a Jeep* und *I'll Be Jeeping Back to You*. Auf der Leinwand tauchten vier Schönheiten in dem Film *Four Jills in a Jeep* auf. Die Handlung beschreibt mehr oder weniger eine Tournee, die die vier Darstellerinnen 1943 als Teil der Truppenbetreuung der Armee unternahmen: Kay Francis, Martha Raye, Carole Landis und Mitzi Mayfair.

Das alles bescherte diesem eigentlich leblosen, wenn auch liebenswerten Gegenstand unerwartet viel Popularität. Lyman Nash beschrieb ihn als »kurz, untersetzt und häßlich wie die Pest...ein unelegantes, unglaubliches und beinahe unzerstörbares kleines Fahrzeug, nicht viel größer als eine gut dimensionierte Hundehütte«. Irgendwie konnte jedoch dieses Fahrzeug Vertrauen wecken, Respekt erlangen und fuhr direkt in die Herzen und Seelen von allen, die mit ihm in Kontakt kamen.

***Der weitsichtige Lee Iacocca (rechts) brachte Jeep unter das Chrysler-Dach. Was er sah, war eine ganz neue Zukunft für den Jeep, ein Fahrzeug, das sich überall wohl fühlte, sei es zwischen Felsen, im tiefen Sand, im Schlamm oder auf dem Parkplatz vor dem Golfplatz. Die Jeeps von heute kombinieren ihre unglaubliche Geländegängigkeit mit besserem Antrieb und besserer Federung. In der Vergangenheit betonte die Werbung Nutzwert und Wirtschaftlichkeit, Eigenschaften, die heute nicht mehr die erste Geige spielen: Lifestyle und Zeitgeist haben den Jeep zu einer festen Größe auf unseren Straßen gemacht und seine Besitzer sind ihm oft sehr treu. Über die Jahre sind Clubs und Vereine entstanden - wie die Jeepers Jamboree. Solche Clubs veranstalten Geländetouren für Jeep-Besitzer auf der ganzen Welt (ganz rechts, unten).***

3A-115
AAA

50 YEARS OF JEEP 1941-1991
JeepNews
50

KAPITEL 1

# Die Vorgänger: 1906 - 1939

Der Jeep war von Anfang an mehr als ein militärisches Nutzfahrzeug: Er war auch der Höhepunkt einer langen Suche nach dem perfekten Geländefahrzeug: Ein Fahrzeug, das Transportaufgaben erledigte, und das überall. Schon Anfang des Jahrhunderts versuchte der Mensch, mit einem allradgetriebenen Vehikel die Geländegängigkeit eines Pferdes zu erreichen. Colonel Albert Popes Firma Pope's Electric Vehicle Company in Hartford, Connecticut, baute schon 1902 einen fünf Tonnen schweren Lastkraftwagen. Für den Antrieb dieses etwas ungewöhnlichen Fahrzeugs sorgten vier Elektromotoren, einer hinter jedem der von Ketten angetriebenen Räder.

Danach kam der FWD, ein Produkt der Four Wheel Drive Company in Clintonville, Wisconsin. Der Schmied Otto Zachow und sein Partner William Besserdich wurden 1906 Vertreter für Reo, einen der frühen amerikanischen Automobilhersteller. Erster Kunde war ein gewisser Doktor W.H. Finney, der keine Zeit verschwendete und sein Auto im Schlamm versenkte. Das wäre nicht passiert, so glaubte Zachow, wenn alle vier Räder angetrieben worden wären, nicht nur zwei. Das Resultat seiner Bemühungen war ein einfaches, doppeltes Y-Kugelgelenk, mit dessen Hilfe der Fahrer auch mit Allradantrieb lenken konnte.

So wurde die FWD Auto Company geboren. Der technische Vorsprung den Konkurrenten gegenüber war recht groß, die Zweifel der Gläubiger nicht minder, so lange, bis 1911 das Fahrzeug von der US Army entdeckt wurde. Das Militär testete einen FWD-Lkw ausgiebig und kam zu beeindruckenden Ergebnissen. Bestellungen kamen aber keine, noch nicht. Das Interesse erwachte erst wieder 1914 beim Ausbruch des Ersten Weltkriegs. In jenem Herbst wurden zwei Fahrzeuge – ein Dreitonner und ein Fünftonner (entsprechend des Ladegewichts) – zu Erprobungszwecken nach England verschifft. Die zwei Maschinen müssen sich gut geschlagen haben, da eine Bestellung von 50 Lkws sehr bald folgte. Ende 1917 betrieb His Majesty's Army fast 400 FWD. Zu Hause bestellte das US Quartermaster Corps, zuständig für die Materialbeschaffung – 147 FWD für einen Einsatz in Mexiko auf der Jagd nach dem Banditenführer Pancho Villa, der die Grenze immer wieder überschritten hatte. Bald lieferte das kleine Unternehmen in Clintonville monatlich 175 Fahrzeuge aus. Die wachsende Nachfrage konnte ein Hersteller alleine nicht erfüllen; andere wie Kissel, Mitchell und Premier, stellten den FWD dann in Lizenz her. Insgesamt kamen vor dem Waffenstillstand fast 18.000 dieser Lkws nach Europa.

Thomas B. Jeffery Company in Conch, Wisconsin, ein Stück südlich von Clintonville, machte es anders. Er war schon als Hersteller von Lkws und Personenwagen etabliert. Vor der Jahrhundertwendete hatte die Firma große Stückzahlen vom Rambler-Fahrrad hergestellt und wandte sich 1902 unter dem gleichen Namen der Herstellung von Autos zu. Innerhalb eines Jahres waren 1500 Rambler-Autos

*John North Willys kaufte 1907 die kränkelnde Overland Company in Indianapolis auf. Ein Jahr später änderte er den Namen in Willys-Overland und zog ins alte Pope-Werk in Toledo, Ohio, ein. 1926 war Willys-Overland die drittgrößte Automobilmarke in den USA, hinter Ford und Chevrolet. Das Werk blieb in Toledo (rechts), auch nach der Übernahme durch AMC. Hier werden noch heute Jeep-Teile produziert.*

The Willys-Overland Company

gebaut und für 750 Dollar Stück verkauft worden. Aus heutiger Sicht mag diese Zahl lächerlich erscheinen, aber 1902 reichte es, um den kleinen Hersteller auf den zweiten Platz in der jungen Industrie zu katapultieren, direkt hinter Randsom Olds kurvigem Flitzer.

Bald gab es Lkws mit dem Namen Jeffery und 1913 baute das Werk den Lieferwagen Jeffery Quadruple mit Allradantrieb, Quad genannt. Er war entsprechend den Army-Anforderungen entwikkelt worden und hatte einen 36 PS starken Bud-Motor. Seine Zuladung betrug anderthalb Tonnen (plus zwanzig Prozent Übergewicht), rund 1350 Kilo. Besonders interessant war seine Fähigkeit, jede Strecke, die ein Gespann von vier Mauleseln schaffte, auch zu bewältigen.

John Gunnel berichtete über die Auswertung des Quad durch das Beschaffungsamt: »Er pflügte durch Schlamm und Sand, die bis an die Radnaben reichten, dort wo kein Truck mit Hinterradantrieb überhaupt hinkam. Er überwand mühelos 40 Zentimeter hohe Baumstämme. Er bewältigte, ebenfalls mühelos, Steigungen und Gefälle hoch und runter. Er überquerte ein Gewässer, wobei nur die Oberseiten der Reifen zu sehen waren.«

In gewisser Hinsicht war der Jeffery Quad (oder nach 1916 Nash Quad, als der frühere Präsident von General Motors, Charles W. Nash, die Marke kaufte) eine erstaunlich fortschrittliche Konstruktion. Er war groß, doch dank seiner Allradlenkung kam er mit einem dreizehn Meter-Wendekreis aus. Genauso ungewöhnlich zu dieser Zeit war die auf alle vier Räder wirkende Bremse, die angeblich den Lkw aus 25 km/h nach nur 2,5 Metern zum Stillstand bringen konnte. Die Erbauer behaupteten, »er fährt, lenkt und bremst auf allen vier Rädern«. Beeindruckend, aber wahr.

Respektiert von militärischen und zivilen Nutzern gleichermaßen, wurde der Quad unglaublich populär. Die Produktion im Nash-Werk erreichte 1918 mit 11.490 gebauten Quads ihren Höhepunkt. Zusätzliche Stückzahlen wurden in Lizenz von Hudson, Paine und National hergestellt. Nach dem Waffenstillstand verringerte sich die Nachfrage dramatisch, die Produktion der Zivilversion lief jedoch, wenn auch in geringerem Ausmaß, bis 1928 weiter.

Das Allrad-Konzept hatte sich zweifellos durchgesetzt und doch wäre für militärische Zwecke ein viel leichteres, kleineres und behendigeres Fahrzeug von Nöten. Erstens bildeten die FWD und Nash mit ihren großen Abmessungen eine viel zu große Zielscheibe für feindliche Waffen. Und besonders wendig waren die Monster auch nicht. Zu der Zeit kamen für Aufklärungs-Einsätze meistens Motorräder in Frage, aber auch mit Beiwagen war ihre Lastkapazität eher begrenzt. Im schweren Gelände oder tiefem Schlamm hatten sie außerdem große Schwierigkeiten.

In den ersten Nachkriegsjahren wurden in den USA mehrere Versuche mit sogenannten »Field Cars« unternommen. Der bekannteste war ein gestrippter T-Ford mit einem Gesamtgewicht von nur 550 Kilo. Als Reifen dienten Schlappen von ausgemusterten Flugzeugen, die irgendwie den Ford-Rädern angepaßt wurden. Als Aufbau diente nur eine einfache Plattform mit zwei Schalensitzen.

Das Fahrzeug war praktisch und hatte in Sumpfgebieten und über aufgeweichtem Boden große Vorteile gegenüber Kettenfahrzeugen. Und doch fehlte hier der Allradantrieb, und der Motor lieferte nur kümmerliche 20 PS. Ausgereift oder gar durchdacht war die Sache also nicht.

1931 ging Walter C. Marmon, Boß der Marmon Motor Car Company, mit Arthur Herrington zusammen, gemeinsam wollte man Lastkraftwagen mit Allradantrieb produzieren. Herrington war in der Armee mit Transportaufgaben betraut

*John North Willys (rechts) gründete die Willys-Overland Corporation, jenes Unternehmen, das später den Jeep entwickeln sollte. 1907 stand Overland am Rande des Ruins, elf Jahre später schrieb man fette schwarze Zahlen und war nach Ford die Nummer zwei, zumindest in diesem letzten Kriegsjahr.*

# John North Willys: Verkäufer mit Spürsinn

Für die Rolle als geistiger Vater des Jeeps gibt es mehrere Kandidaten. Wir finden zum Beispiel den früheren GM-Präsidenten William S. Knudsen, der als Chef für das Rüstungsamt die Entwicklung des Geländewagens forcierte. Dann gibt es Karl Probst, der bei Bantam den ersten Prototypen konstruierte. Zuletzt gibt es auch Barney Roos, der die Entstehung der Willys-Version überwachte, jene Ausführung, die letztendlich das Plazet des Quartermaster Corps bekam. Zweifelsohne waren auch viele andere mitbeteiligt.

Fast immer wird aber ein Mann übersehen, der eigentlich mit an der Wiege gestanden hat, ein Mann, der allerdings schon sechs Jahre, bevor die ersten Jeeps vom Fließband rollten, tot war. Doch jeder einzelne dieser kleinen Allradler trug das Siegel von John North Willys, war er es doch, der anderthalb Jahrzehnte zuvor den Whippet eingeführt hatte. Und aus dem Whippet stammte jener Motor, den Barney Roos auf wundersame Weise zu neuem Leben erweckt hatte.

Willys war um die Jahrhundertwende in seinem heimatlichen Canandaigua, New York, Fahrradhändler. Als Pierce-Vertreter vertrieb er ab 1901 auch die Automobilpalette dieses Herstellers. 1902 kam Rambler dazu und drei Jahre später Overland. Willys wurde später Besitzer von Overland, und innerhalb von fünf Jahren war sein Unternehmen der zweitgrößte Automobilhersteller der USA.

Willys führte 1926 den Whippet ein, unter der Haube einen 30 PS starken Langhuber. In der Werbung versprach der Hersteller 55 Meilen pro Stunde, doch in Wirklichkeit schaffte der Motor viel mehr, besonders in der leichten Roadster-Ausführung, ein populäres Modell unter Sportfahrern.

Auf den Whippet folgten mehrere Vier- und Sechszylinder in verschiedenen Größen. Der Whippet-Vierzylinder landete schließlich im Willys 77, und aus diesem Motor schuf Barney Roos den Go-Devil Motor, der später den Jeep treiben sollte. Leider sollte John North Willys das nicht mehr erleben. Er starb am 26. August 1935 an den Folgen einer Gehirnblutung.

gewesen und Marmons Firma stellte unter anderem Luxus-Automobile her, darunter auch einen Sechszehnzylinder. Anfangs produzierte das Unternehmen schwere Transporter für die Streitkräfte in den USA und Belgien. Nachdem Marmon sich aus der Herstellung von Luxusautomobilen schon lange zurückgezogen hatte, entwickelte Marmon-Herrington Umbauten für Ford-V8-Trucks, aber auch für Personenwagen dieser Marke. Sie waren leicht, schnell und flexibel und schafften außerdem auch alle Hindernisse, die das Quartermaster Corps sich ausdenken konnte. Die Army kaufte 64 Stück und sie waren so beliebt, daß die Männer sie liebevoll »Our Darlings« nannten, unsere Lieblinge.

1937 ließ Marmon-Herrington auf dem Allrad-Chassis eine türlose, viersitzige Karosserie bauen, der erste Command Car. Der Prototyp basierte auf einem Model 77 Ford. Als das Modell 1939 in Serie ging, diente ein Chassis von Dodge als Basis.

Der Dodge Command Car und sein ebenso robuster Bruder, der Weapons Carrier, wurden im Zweiten Weltkrieg in großen Stückzahlen gebaut und dienten in der Nachkriegszeit als Basis für den Dodge Power Wagon. Die Army wollte aber einen noch leichteren Wagen.

Inzwischen hatten Major Robert Howie und Master Sergeant Melvin C. Wiley in Fort Benning in Georgia ein neues Fahrzeug entwickelt. Es war eine Kombination aus Aufklärer und Waffenträger. Zum größten Teil aus Schrott entstanden, schufen die beiden in ihrer Freizeit und auf Rechnung von Major Howie ein sonderbares Gerät. Die Konstruktion bot Platz für zwei flach auf dem Bauch liegende Männer, was ihr prompt den Spitznamen »Howies Belly Flopper« einbrachte – Howies Bauchplatscher. Die meisten Chassisteile, einschließlich des Motors, stammten von einem alten amerikanischen Austin. Wie der Austin hatte

*Charles W. Nash (links) kaufte 1918 die Thomas B. Jeffery Company, die einen Truck mit Allrad-Lenkung, -Antrieb und -Bremsanlage bauten. Das Vehikel wurde für die US Army gebaut und besaß einen Wendekreis von nur 15 Metern. Nash-Automobile genossen in den 30ern den Ruf, besonders ästhetisch geformt zu sein; der merkwürdige Allradtruck blieb aber weiter in Produktion und war letztlich der Grund für die Entscheidung der Armee, ein leichtes Geländefahrzeug entwickeln zu lassen.*

*Major Robert Howie und Master Sergeant Melvin C. Wiley entwickelten 1937 für die Armee ein Fahrzeug für schnelle Vorstöße und Aufklärungszwecke, passenderweise Belly-Flopper genannt (rechts oben). Fahrer und Schütze teilten sich die Aufgaben. Leider hatte der Belly-Flopper keinen Allradantrieb, keine Federung oder wenigstens genug Bodenfreiheit, um schwieriges Gelände zu meistern.*
*Rechts unten: Bevor Willys-Overland sich mit dem Jeep beschäftigte, stellte man Billigautomobile her, wie den 1928er Whippet Coach oder den Overland von 1933.*

das Fahrzeug einen Radstand von 190 Zentimetern. Der Motor war hinten eingebaut und trieb die Vorderräder. Vor den Passagieren war ein Maschinengewehr angebracht. Die Konstruktion war sehr niedrig, was selbstverständlich im Feld Vorteile hatte, führte aber leider zu Problemen im schweren Gelände, da die Bodenfreiheit beschränkt war. Und die Vorteile eines Allradfahrzeuges fehlten sowieso.

Der Howie ging nicht gerade sanft mit seinen Insassen um, da jede Art von Federung fehlte. Nur die dicken Reifen boten einen Hauch von Komfort. Der Fahrer bediente Kupplung und Bremse mit seinen Füßen, gelenkt wurde über einen Hebel. Wendig und flink war der Howie aber, und obwohl die Spitzengeschwindigkeit nur knapp 50 km/h betrug, war die Leistung wegen des geringen Gewichts ausreichend.

Major Howie war überzeugt, daß seine Maschine, trotz seiner Mängel, zu einem praktischen Militärfahrzeug weiterentwickelt werden könnte. Die Armee nahm den Vorschlag ernst genug, um im März 1940 Vertreter der Automobilindustrie zu einer Vorführung einzuladen. Richtig ernst konnte aber keiner dieses Gerät nehmen. Barney Roos, Vizepräsident und Chefkonstrukteur bei Willys-Overland, beschrieb viel später seine Reaktion: »So etwas wie diesen Belly Flopper hatten die Automobilleute bis dahin nicht gesehen. Es war eine Mischung aus Kinderroller und einem Surfbrett auf Rädern.« Trotzdem sorgte das sonderbare Gerät dafür, daß einige Leute sich Gedanken über Geländefahrzeuge machten, darunter auch Roos selber.

Inzwischen hörte Frank Fenn, Präsident der American Bantam, von dem Wunsch der Armee nach einem leichten Aufklärer. Bantam war seit der Fusion mit der American Austin Car Company am Rande des Bankrotts und Fenn war fest entschlossen, die Marke zu retten. Er wußte, daß USA bald dem Krieg beitreten würden und fing deshalb jetzt an, sich ernsthaft mit dem Problem zu beschäftigen.

Als Basis verwendete Fenn einen erfolglosen Zweitwagen Ende der 20er Jahre, Bantam hatte dabei einfach den englischen Austin Seven für amerikanische Verhältnisse umgestaltet und ihn am 21. Juni 1930 auf den Markt gebracht. Aus verschiedenen Gründen konnte das Modell die hohen Erwartungen nicht erfüllen; im Juni 1934 brach American Austin zusammen.

Die Neugründung als American Bantam Car Company erlaubte im Werk in Butler die Herstellung eines umfassend verbesserten Autos, schlicht Bantam genannt. Die technischen Modifikationen waren so gravierend, daß die Lizenzgebühren an den englischen Hersteller jetzt ganz entfallen konnten, man sparte sieben Dollar pro Auto.

1939 war der Bantam ein sehr ausgereiftes Auto. Mit verlängertem Hub und höherer Verdichtung hatten die Konstrukteure die Leistung auf 22 PS gebracht, eine 69prozentige Erhöhung. Ein drittes Kurbelwellenlager eliminierte die sonst unvermeidlichen Schwingun-

*Nach dem Tod von John North Willys 1925 übernahm Ward M. Canaday (links) die Führung von Willys-Overland. Er blieb als Geldgeber im Hintergrund und sah nacheinander vier Präsidenten sich ablösen. Als auch Jim Mooney kündigte, hatte er die Nase voll und nahm selber die Zügel in die Hand. Erst 1953, als Kaiser Willys-Overland aufkaufte, trat er zurück.*

*Willys-Overland präsentierte 1933 sein Modell 77, jenen Wagen, dessen 2,2 Liter-Vierzylinder später auch den Jeep antreiben sollte. Der wechselgesteuerte Motor wurde auf seitengesteuerte Ventile umgebaut und war fast 40 Jahre lang typisch für den Jeep. Im Modell 77 lieferte der Vierzylinder 48 PS bei 3600 Umdrehungen.*

gen der Kurbelwelle. Eine riemengetriebene Lichtmaschine trug, wie auch die Babbitmetallager, zu einer verringerten Geräuschentwicklung. Durch die vielen Maßnahmen erhöhte sich auch die Leistung. Bei Vollgas schaffte der Bantam eine Meile pro Minute und konnte einen ganzen Tag problemlos mit 80 km/h marschieren.

Große Stückzahlen wurden jedoch nie verkauft. Am 30. Juni 1940 schlossen die Werkstore, aber einige Exemplare wurden noch als Baujahr 1941 angeboten, aus Teilen zusammengebaut.

Bantams einzige Überlebenschance bestand darin, einen Rüstungsvertrag zu angeln. Drei Bantam hinterließen beim Pennsylvania National Guard 1938 einen guten Eindruck. Im August des gleichen Jahres befürwortete das Quartermaster Corps ein Projekt, den Bantam mit einer geeigneten Karosserie zu versehen. Das sollte einen direkten Vergleich mit einem Gespann für drei Personen ermöglichen.

Im Mai 1940 luden Bantam-Vertreter Mitglieder des Quartermaster Corps zu einer Besichtigung ein. Das Ergebnis ihrer Bemühungen beeindruckte, trotz einiger Mängel, die Vertreter des Rüstungsamts. Jetzt konnten jene Parameter und Spezifikationen aufgestellt werden, die nach und nach zur Entwicklung des Jeeps führten. Nach diesen Angaben entwickelte die Armee ein Lastenheft mitsamt der Bestellung von 70 Prototypen. Die Bedingungen waren wie folgt:

- Allradantrieb, was der Bantam nicht hatte.
- Radstand, Breite und Höhe sollten geringer als beim Bantam ausfallen.
- Eine Besatzung von drei Mann wurde vorgeschrieben, dazu auch ein MG Kaliber .30 samt Podest im Auto.
- Grundbedingungen für Motorleistung, Geländetauglichkeit und Steigungsfähigkeit wurden definiert.
- Die Kühlung sollte eine Durchschnittsgeschwindigkeit von 5 km/h ohne Überhitzung erlauben.
- Die minimale Bodenfreiheit wurde mit 6 1/4 Zoll festgesetzt, etwa 16 Zentimeter.
- Die Nutzlast sollte mindestens 272 Kilo (600 Pfund) betragen.
- Das Gesamtgewicht wurde bei 1300 Pfund, oder 590 Kilo, festgesetzt, eine an für sich lächerliche Zahl.

Die Ausschreibung wurde an 135 Hersteller geschickt, die Lieferung sollte innerhalb von 49 Tage stattfinden!

Bantams Hoffnungen wurden zunächst von der mangelnden Motorleistung und dem fehlenden Allradantrieb vernichtet. Ein ganz neues Fahrzeug in der Zeit zu konstruieren wäre wohl nicht möglich gewesen, besonders weil das kranke Unternehmen jetzt keine Konstruktionsabteilung mehr besaß. Die einzige Hoffnung bestand darin, einen Aussenstehenden zu engagieren, der dieses Wunder in der vorgeschriebenen Zeit vollbringen könnte.

Frank Fenn hatte da auch schon jemanden im Visier: Karl Probst, Konstrukteur aus Detroit, der für mehrere Autohersteller gearbeitet hatte. Da aber Bargeld fehlte, konnte man ihm die Aufgabe nur auf Provisionsbasis anbieten. Fenn bat Art Brandt, frühere Führungskraft bei Bantam, jetzt als Berater bei der National Defense Advisory Commission, zu Hilfe. Brandt wiederum rief Probst an und drängte ihn, den Auftrag zu übernehmen. Probst zögerte so lange, bis er von seinem alten Freund William S. Knudsen hörte. Knudsen war ehemaliger Präsident von General Motors und diente jetzt als Boß der National Defense Advisory Committee. Probst erinnerte sich später: »Am Dienstag den 16. Juli las ich Churchills Rede ‘wir werden auf den Stränden kämpfen, wir werden auf den Feldern kämpfen und in den Straßen, wir

# Barney Roos: Konstrukteur mit Gefühl

Barney Roos: Es ist unwahrscheinlich, daß jemand ihn bei seinem Namen Delmar nannte. Er paßte irgendwie nicht zu ihm, da er hart wie Stahl war. Sogar seine Freunde wußten, wie schnell er aufbrausen konnte. Sein Spitzname leitete sich von seinem Idol aus der Jugendzeit her, dem Rennfahrer Barney Oldfield. Auch wenn seine Eltern es gut gemeint hatten, Delmar paßte wirklich nicht!

Roos kam aus dem Stadtteil Bronx in New York, hatte aber im Gegensatz zu Henry Ford und Walter Chrysler eine ordentliche Ausbildung. Seine Examen in den Ingenieurswissenschaften erwarb er an der Cornell University, wo er auch als Fechter zu der Universitätsmannschaft gehörte. Seine berufliche Karriere begann 1911 bei General Electric, wo er in der Grundlagenforschung für Dampfturbinen und Zentrifugalkompressoren beschäftigt war. Seine große Liebe galt aber dem Automobil.

Zuerst kam er zu Locomobile, dann folgten Marmon, Studebaker und schließlich Willys. Roos verwendete alle seine Talente, um den kleinen, veralteten Vierzylinder aus dem Whippet zu modernisieren. Er erzog ihm nicht nur mehr Leistung, sondern auch mehr Standfestigkeit an – gerade richtig für den Motor, der schließlich den Jeep treiben sollte.

Roos blieb auch in den Nachkriegsjahren bei Willys und überwachte die Entwicklung der Modelle Jeep Universal, Station Wagon und Jeepster. Unter seiner Ägide erfolgte der Umbau von Wechselsteuerung zum seitengesteuerten Ventiltrieb. Er führte auch die Entwicklung eines Sechszylinders durch. Genau wie George Romney war auch Barneys Roos überzeugt, daß die Amerikaner kleinere, wirtschaftlichere Autos brauchten, und das lange bevor diese Idee Allgemeingut wurde. In einem Vortrag 1951 vor den Mitgliedern der Society of Automotive Engineers erklärte Roos, es sei »dumm« von Chevrolet, einen Wagen in der Größe eines Cadillac zu bauen. Er war seiner Zeit voraus, hatte aber wie immer recht.

1953 wurde Willys-Overland, jetzt ein halbes Jahrhundert alt, von Kaiser gekauft und im darauf folgenden Jahr schied Roos aus und gründete seine eigene Beratungsfirma. Unter seinen Kunden befanden sich Kaiser-Willys aber auch American Motors, Studebaker und Mack Truck.

Im Zug nach Bronxville, New York, nach einem Geschäftstreffen in Reading, Pennsylvania, erlitt Barney Roos am 12.Februar 1960 einen Herzinfarkt, er starb am folgenden Tag. Er wurde 72 Jahre alt.

***Wenn Willys Prototyp einen entscheidenden Vorteil vor den Konkurrenten hatte, dann war es der Motor, Go-Devil genannt. Delmar G. Roos, unter Freunden »Barney« genannt, änderte nicht nur den Whippet-Motor, sondern auch die Geschichte. Roos erfüllte schließlich die ursprünglichen Gewichtsbedingungen der Army, indem er jedes einzelne Teil, bis zur letzten Schraube, neu konstruierte.***

werden in den Hügeln kämpfen...'«. Knudsen teilte Probst mit, er könne eine Bezahlung vorläufig nicht erwarten (man hatte kein Geld) und fügte hinzu: »Wir glauben, du kannst die Aufgabe schneller als die großen Hersteller erledigen.«

Schließlich konnte Karl Probst nicht nein sagen. Er wußte, daß das Gewichtslimit nicht zu schaffen war – und auch kein anderer Hersteller das lösen konnte. Er ließ also diese Bedingung außer Acht. Am gleichen Abend fuhr er mit seinem 1938er Buick Coupé zum Werk in Butler. Am nächsten Mittag saß er schon vor dem Reißbrett und zog die ersten Striche, die später zum legendären Jeep führen sollten. Freitagabend, 33 Stunden später, lag eine Rohskizze vor, aber in allen Einzelheiten komplett. Karl Probst wußte es damals nicht, aber er hatte gerade eine Legende geschaffen, ein Phänomen.

Am Samstag wurden die Kosten berechnet, Blaupausen hergestellt und Materialanträge geschrieben. Das berechnete Gewicht betrug 1850 Pfund, 840 Kilo, bedeutend mehr als in der Ausschreibung vorausgesetzt. Am Sonntag trafen sich Probst und Fenn mit Bantams Vertreter in Washington, dem pensionierten Navy-Commander Charles Payne, und bekamen zu hören, man solle bitteschön das Gewicht wenigstens auf dem Papier bei den vorgeschriebenen 1300 Pfund halten, nicht daß alleine deswegen der Vorschlag abgewiesen werde.

Am Montag den 22. Juli – fünf Tage nach den ersten Strichen von Karl Probst – reichte Bantam seinen Vorschlag ein, komplett mit Bauplänen. Willys reichte lediglich eine Zeit- und Kostenplanung ein. Ford und Crosley waren nicht einmal so weit. Willys Angebot war das billigste, wurde aber nicht akzeptiert, da der Chefkonstruktuer Barney Roos keine Möglichkeit sah, die 70 Prototypen in der angegebenen Zeit fertig zu bauen. Der erste Auftrag ging also an das ums Überleben kämpfende Bantam-Werk.

Tatsächlich war von Bantams Produkt nicht viel mehr übrig. Ein Hercules Vierzylinder ersetzte den kleinen Motor, später kam ein 40 PS-Continental. Modifizierte Radachsen, von Spicer für Studebaker gebaut, dienten als Radaufhängung, das Getriebe lieferte Warner Gear, und so weiter.

Die 70 Fahrzeuge wurden zwischen Infanterie, Kavallerie und Feldartillerie aufgeteilt. Acht der Prototypen bekamen Allradlenkung. Jedes Fahrzeug durfte nicht mehr als 2500 Dollar kosten, aber Probst hatte für den Hersteller eine ausreichende Gewinnspanne mit eingerechnet. Das erste Fahrzeug sollte beim Holabird Quartermaster Depot in Baltimore, Maryland, um 17 Uhr am 21. September 1940 geliefert werden – eine lachhaft kurze Zeit.

Der erste von Hand aufgebaute Prototyp, offiziell BRC Quarter-Ton General Purpose Vehicle genannt, lief am 21. September. Er ähnelte sehr dem späteren Jeep, hatte allerdings einen abgerundeten Kühler, statt dem später viereckigen.

Um den Motor einzufahren, fuhren Probst und Werksboß Harold Christ selber den Prototypen nach Holabird und erreichten die Tore eine halbe Stunde vor der festgesetzten Zeit. Probst erinnerte sich später: »Zuerst sagten wir uns, es wäre wichtig, behutsam mit dem neuen Motor umzugehen und fuhren deshalb sehr langsam. Als wir aber über die Hügel von Pennsylvania rollten und merkten, daß die Uhrzeit sich immer näher an die magische 17 drängte, mußten wir Dampf machen. Um Holabird überhaupt zu erreichen, waren wir dann schließlich mit Vollgas unterwegs – und es hat Spaß gemacht.«

Die erste Aufgabe, eine 60prozentige Steigung zu bewältigen, schaffte der Bantam locker im zweiten Gang. Dann übernahm Major Herbert J. Lawes, verantwortlich für Einkauf und Verträge in

*Die Verkaufszahlen des Willys 77 waren nicht besonders, deswegen unterzog man ihn für 1936 einer gründlichen Modellpflege (rechts, oben links). Das Auto, immer noch mit dem gleichen 2,2-Liter Motor, verkaufte sich besser, war aber stilistisch weniger gelungen. Willys-Overland gebührt die Ehre für die Entstehung des Jeeps, konstruiert wurde er aber von der vergessenen Marke Bantam. Bantam produzierte amerikanisierte Versionen der britischen Austin, unter anderem den Speedster Model 60 (oben rechts und unten). Die 60er-Reihe umfaßten Speedster, Coupé und Kleinlieferwagen. Die Preise fingen bei 439 Dollar an.*

COUPE
72-901

Holabird, die Testaufgabe. Er brachte das Fahrzeug zu Probst zurück: »Ich bin jedes Fahrzeug, das wir die letzten zwanzig Jahren gekauft haben, gefahren. Ich kann sie meistens in fünfzehn Minuten einstufen. Dieses Fahrzeug ist einmalig. Ich glaube, es wird Geschichte schreiben!«

Danach folgten erbarmungslose Versuche, die alle dazu dienten, jede Schwachstelle bloßzulegen. Dabei legte der Bantam 3410 Meilen zurück, etwa 5500 Kilometer, nur 400 Kilometer davon auf befestigten Straßen. Zwanzig Mängel waren gefunden worden, von einem losen Kühlergrill bis zum Versagen beider Längsträger des Rahmens. In dem Abschlußbericht waren sich die Prüfer aber einig: »Das Fahrzeug bewies genügend Leistung und erfüllte alle Bedingungen der Streitkräfte.«

Anwesend bei den Versuchen waren Vertreter von Ford und Willys. Daß Ford einsteigen würde, war eigentlich zu erwarten, Willys Anwesenheit ließ sich jedoch nicht so einfach erklären. Es sollte sich aber später zeigen, daß gerade Willys Beteiligung eine sehr wichtige Rolle bei der späteren Entwicklung spielen sollte.

Über die Jahre hatte Willys-Overland mehrere interessante Fahrzeuge entwickelt, das Hauptprodukt blieb jedoch der kostengünstige vierzylindrige Overland. 1926 stellte die Firma den wendigen, billigen Whippet vor, und er stand hinter den erstaunlichen Verkaufserfolg der Marke in den späten 20ern.

Der Erfolg hielt aber nicht lange an. Ein wechselgesteuerter Sechszylinder war 1930 das Hauptprodukt von Willys, unterstützt von vierzylindrigen Whippets und einer Handvoll Willys-Knight.

Im Versuch, das Produkt den geänderten Bedingungen anzupassen, stellte Willys-Overland 1933 einen Rezession-Spezial vor. Der Willy 77 kostete in Coupéversion 335 Dollar, 105 Dollar weniger als Fords Vierzylinder. Das Modell 77 zum Preis eines Gebrauchtwagens sollte die Finanzen wieder ins Lot rücken. Dafür wurde der Whippet-Vierzylinder wieder herausgeholt, er verhalf dem leichten Wagen zu einem guten Verhältnis von Leistung und Gewicht.

Die Verkaufszahlen erreichten nicht das erhoffte Niveau, auch wenn die Produktion des Jahres 1935 die von 1934 um 150 Prozent überstieg. Im August jenes Jahres verstarb John North Willys, für die Umstrukturierung sorgte dann Ward M. Canaday, Willys Geldgeber. Er trieb irgendwie drei Millionen Dollar auf und kaufte dafür ausstehende Schuldverschreibungen für 70 Cent auf und dazu auch Aktien für 25 Cent pro Dollar. In nur einem Jahr gelang es ihm und seinen Partnern, zwei Drittel der neuorganisierten Willys-Overland Motors Incorporated unter Kontrolle zu bringen. Canaday war Vorstand und Dave Wilson, dessen Firma Foundry and Machinery Company Gußarbeiten an Willys geliefert hatte, fungierte als Präsident.

Ein optisch geänderter Willys kam 1937. Der Antrieb war im Grunde unverändert, der Radstand blieb bei 100 Zoll, 2,54 Meter. Die Spurweite hatte sich vorn wie hinten um fünf Zoll vergrößert. Das Coupé war geräumiger und, obwohl im-

***»Cast Iron Charlie« Sorensen (»Gußeisen-Charlie«, links) übernahm den Vorsitz bei Willys-Overland als Joe Frazer 1943 »in den Ruhestand« ging. Er stellte die Weichen für eine zivile Ausführung des CJ-2A und führte nach dem Krieg das Unternehmen weiter. Zusammen mit Brooks Stevens entwickelte er auch eines der erfolgreichsten Jeep-Produkte, den Station Wagon. Sein Spitzname stammte aus seiner Zeit bei Ford.***

mer noch etwas gewöhnungsbedürftig, bedeutend attraktiver als der Vorgänger. Die Produktion vervierfachte sich und stieg auf 76.803 Einheiten in diesem Jahr.

Probleme gab es aber immer noch. Das größte bestand im schlechten (zum Teil unverdienten) Ruf des alternden Whippet-Motors. Er war von nicht gerade zimperlichen Besitzern von Whippet und Willys 77 über die Jahre so gequält worden, daß er für seinen hohen Ölverbrauch, zerfressene Lager, gerissene Wasserpumpe und leckende Zylinderköpfe bekannt war. Da es nicht zu erwarten war, daß sich die Fahrgewohnheiten des amerikanischen Autofahrers ändern würden, mußte schnell etwas unternommen werden, sollte der Ruf wieder hergestellt werden.

Ward Canaday war kein Konstrukteur. Er war überhaupt kein Automobil-Experte, obwohl er derjenige war, der den Einkauf von Komponenten in die Industrie einführte. (Seine Fraue meinte oft: »Ward kann nicht einmal ein Bild an die Wand hängen!« und John North Willys sagte, Wards mechanische Talente reichten gerade dazu, jemandem den Kotflügel einzudrücken.) Er machte aber seine Hausaufgaben ordentlich und erwarb mit der Zeit Einsichten in die grundlegenden Konstruktionsprobleme des Automobilbaus.

Canaday erfuhr, daß Delmar G. »Barney« Roos, früher Chefkonstrukteur bei Pierce-Arrow, Locomobile, Marmon und – zuletzt – Studebaker, jetzt für die britische Rootes Group arbeitete. Roos hatte offensichtlich diese Stelle nur vorübergehend angenommen und war jetzt, 1938, nach einem Jahr im Ausland bereit, wieder heimzukehren.

Canaday stellte Roos an und ernannte ihn zum Vizepräsidenten und Chefkonstrukteur bei Willys-Overland. Es war ein bedeutender Schritt, da Barney einer der genialisten Konstrukteure Amerikas war und ehemaliger Präsident des Vereins für Automobilkonstrukteure – Society of Automotive Engineers, SAE. Und trotz seiner Verbindungen zu Herstellern, die wahrhafte Lokomotiven gebaut hatten – wie Locomobile und Pierce-Arrow – mochte er persönlich kleine Autos.

Wäre Barney Roos bei einem großen Konzern vor Anker gegangen – vielleicht General Motors – oder einer gut finanzierten Kleinmarke wie Packard oder Nash, hätte er wahrscheinlich mit einem weißen Blatt Papier angefangen und einen neuen Motor von Grund auf neu konstruiert. Bei Willys war dies unmöglich, da das Unternehmen praktisch bankrott war.

Der erfinderische Roos schuf deswegen ein Budget-Wunder. Er nahm den ehrwürdigen Whippet-Motor und vergrößerte Einlaßkanäle und Ansaugkrümmer. Er suchte sich einen Carter-Vergaser, 1,25-Zoll Größe, aus und erhöhte die Verdichtung von 5,70:1 auf 6,48:1. Alukolben ersetzten die alten Gußkolben. Lagerschalen lieferte jetzt Cleveland Graphite Micro Precision und die Ventilfedern bestanden aus Mangan. Die Kurbelwelle wurde verstärkt und bekam Gegengewichte. Luftfilter und Gebläse wurden gegen geräuschärmeren Varianten ausgetauscht. Die Gesamtleistung erhöhte sich nun von 48 auf 61 PS, auch die Haltbarkeit verbesserte sich bedeutend.

Um seiner Sache sicher zu sein, ließ Roos den neuen Motor mit Vollgas 100 Stunden laufen, bei 4400 Umdrehungen pro Minute. Der ursprüngliche Motor wäre dabei viel früher geplatzt. (Ein früher Versuch mit dem originalen Whippet bei 3400 Umdrehungen endete nach 22 Minuten mit zerfressenen Zylinderwänden und Pleuellagern. Roos' modifizierter Motor überstand die Tortur aber hervorragend.)

Der neue Motor (bald unter dem Namen Go-Devil bekannt) absolvierte 1939 seinen ersten Einsatz in einem neuen Modell, dem Overland. Er wies viele Neuerungen auf, darunter eine hydraulische Bremsanlage und ein größeres Kühlsystem. Das Chassis bildete ein verstärkter Rahmen mit einer großen X-förmigen Verstrebung in der Mitte. In jeder Beziehung entpuppte er sich als viel besserer Wagen mit einem noch besseren Motor.

Ohne es zu wissen hatten Willys und Bantam, jeder für sich, die beiden Schritte unternommen, die bald gemeinsam zum Jeep führen sollten: Bantam mit der eigensinnigen Karosserie und Willys mit dem Go-Devil Motor hatten die Grundlage für ein Fahrzeug gelegt, das moderne Kriegführung weitgehend revolutionierte und für Generationen bleiben sollte. Noch waren die beiden Firmen aber nicht soweit, daß sie die Informationen austauschten. Dafür waren die US Army und ein Weltkrieg nötig.

KAPITEL 2

# Der Zwang zur Standardisierung: 1940 - 1941

Ende des Jahres 1941 entstand nach und nach der Jeep, so wie wir ihn heute kennen. Bantam war aber immer noch der einzige Hersteller, der es schaffte, die von der Armee gewünschten Prototypen in 49 Tagen fertigzustellen. Der Mann hinter diesem Wunder hieß Karl Probst, und der legte jetzt letzte Hand an.

Währenddessen bat die Armee Bantam, die restlichen 69 Fahrzeuge entsprechend dem ursprünglichen Angebot zu liefern (darunter acht mit Allradlenkung), ohne den fertigen Prototypen gesehen zu haben. Dadurch erreichte die Army zweierlei. Erstens war damit die Optik festgelegt, ohne daß weder Willys noch Ford die Chance hatten, ihre Prototypen zu zeigen. Noch wichtiger war, daß Ford und Willys sich jetzt beeilen mußten, wenn sie nicht ganz aus dem Spiel verschwinden wollten.

Das Rüstungsamt der Army wollte dabei jedoch die Herstellung streuen. Den Konkurrenten wurden deswegen Kopien der Probst-Pläne zugeschickt, trotz heftiger Proteste seitens Bantam. Die Army setzte aber voraus, daß die Konstruktion jetzt ihr gehöre. Bantams Erregung ist leicht zu verstehen, aber die Zeit drängte und für diplomatische Spielereien gab es keinen Raum. Willys und Ford würden sowieso bald ihre Prototypen fertig haben und dann ernsthaft konkurrieren können. Als die Pläne verteilt wurden, konnten die zwei die Vorarbeiten einfach überspringen und den Vorsprung von Bantam einholen.

Genau wie Karl Probst bei Bantam hatte auch Barney Roos bei Willys erkannt, daß das ursprünglich geforderte Gewichtslimit von 550 Kilo Unsinn war. Im Gegensatz zu Probst meinte aber Roos, daß auch die Zeitgrenze nicht zu halten war, nicht zuletzt, weil er nur schlecht an das Spicer-Allradgetriebe herankam. Das war der eigentliche Hauptgrund für die Verzögerungen bei der Willys-Konstruktion.

Willys Modell, Quad genannt (ein Echo des Allrad-Trucks von Nash im Ersten Weltkrieg) wurde am 13. November 1940 in Holabird angeliefert, zehn Tage später folgte Fords Pygmy. Da beide auf Karl Probsts Konstruktion basierten, war es nicht verwunderlich, daß sie dem Vorläufer, der ein Monat früher seine Tests bestanden hatte, sehr ähnelten. Eine Ausnahme war der flache Grill des Ford. Willys dagegen hatte die runde Form des Bantam genau kopiert.

In seinem Buch *Hail to the Jeep* schreibt A. Wade Wells über die Erinnerungen von Testfahrer Donald Kenower von Willys nach den ersten 4000 Meilen: »Danach folgte die sogenannte Cross Country - Querfeldein. Auf einem Feld hatten wir schweres Terrain aufgebaut, Hügel, Kanäle und so. Unserer Wagen hatte weiche Federung und fuhr sich recht gut. Deswegen düsten wir fast doppelt so schnell wie sonst. Das Tempo wurde nur davon festgelegt wie schnell man fahren konnte, ohne dabei herauszufliegen.« (Der Leser sollte sich merken, daß Kenower von Willys kam und deswegen womöglich nicht ganz unpar-

*Willys stellte viele Jeeps her, war aber nicht der Erfinder des Fahrzeugs. Den ersten Prototyp lieferte American Bantam (rechts oben) im August/September 1940. Karl Probst, freischaffender Berater, schuf ihn im Bantam-Auftrag, und er ist der eigentliche Vater dieses Fahrzeugs. Die erste Version hatte einen Radstand von zwei Metern und eine Gesamtlänge von 3,2 Metern. Er war 1,37 breit und 1,3 hoch, mit Verdeck. Ein wechselgesteuerter Vierzylinder Continental-Motor sorgte für den Antrieb. Das Gesamtgewicht betrug 920 Kilo, etwa 350 Kilo über dem von der Army vorgeschriebenen Limit. Später wurde die Grenze auf 980 Kilo angehoben, was dem Bantam zu Gute kam.*
*Da Bantam ein kleines Unternehmen war, mußten die Antriebsteile zugekauft werden. Das Getriebe lieferte Warner, Spicer den Achsantrieb. Die Hinterachse stammte von Studebaker, von Spicer modifiziert. Der Prototyp wurde in Camp Ripley und in Camp Holabird getestet.*

W-2015381

teiisch war.) Wells weiter: »Während dieser Geländeprüfung verwandelte sich die Wiese nach schweren Regenfällen in einen Schlammsee. Dabei bemerkten wir, daß die Befestigung des Luftfilters nicht hundertprozentig war und daß Dreck in den Motor gelangte. Kurz davor war der Motor sowieso eingegangen, und um den Test durchzuführen, bauten wir aus einem Willys Pkw den Motor aus und waren innerhalb einiger Stunden wieder fahrfertig.«

Ford verwendete den seinerzeit einzigen Vierzylinder, ein modifiziertes Aggregat aus dem Fordson Traktor. Es handelte sich mehr oder weniger um einen halben V8, den John Bond von *Road & Track* so beschrieb: »Geteilte Ventilführungen, keine Justiermöglichkeiten des Ventilspiels, Kolben halb aus Stahl, keine richtige Grundidee oder vernünftige Brennraumform.«

Ford hatte nicht einmal ein geeignetes Getriebe, nur das alte, unsynchronisierte Getriebe aus dem Model A, kräftig, zuverlässig, aber von den Konkurrenten schon längst überholt.

Nach der Erprobung erteilte das QMC Bestellungen für weitere 1500 Fahrzeuge, und das an jeden der drei Hersteller. Es handelte sich um einen Kompromiß, ausgearbeitet am 14. November 1940 mit Unterstützung von der National Defense Advisory Commission. Der Generalstab wollte anfangs die ganze Bestellung Bantam geben, aber dem Quartermaster General, dem Chef der Beschaffung, der nicht an die Produktionskapazitäten von Bantam glaubte, wäre ein anderer Lieferant lieber gewesen. Im Grunde genommen hatten alle Prototypen die Bedingungen erfüllt, aber einige Unterschiede gab es doch zwischen den drei:

- Gewicht: Die Army hatte das Gewicht von 1300 auf 2160 Pfund erhöht, 980 Kilo. Bantam und Ford befanden sich mit ihren 2050 und 2150 Pfund unter dem Limit, Willys lag aber mit 2450 darüber. Das wollte die Armee nicht akzeptieren.
- Verbrauch: Die Runde ging an den Bantam mit seinem 1,8 Liter Motor mit 40 PS.
- Bremsen und Lenkung: Wieder ging die Runde an Bantam.
- Fahrerkomfort und Zugänglichkeit: Ford, ohne Diskussion.
- Motorleistung: Der 61 PS Go-Devil ließ Willys seinen Konkurrenten einfach davonfahren, obwohl Bantam und Ford ihre Antriebsquellen auf 40 bzw. 45 PS getunt hatten.
- Motorhaube: Die drei Fahrzeuge waren sich sehr ähnlich, aber Ford hatte eine flache Motorhaube, was zusätzliche Flächennutzung bot.

Die Lieferung der 1500 sollte Anfang 1941 beginnen. Die Hersteller sollten außerdem die nötigen Modifikationen, die bei den Tests aufgefallen waren, ausführen. Alle drei wurden gebeten, die Haube von Ford zu übernehmen. Dazu kamen neue Anforderungen:

- Eine Höchstgeschwindigkeit von 55 Meilen pro Stunde (88,5 km/h) wurde verlangt und sie sollte unterhalb der Nennleistung anfallen.
- Auch das Fahren im Schrittempo (drei Meilen pro Stunde, 5 km/h) stand im Lastenheft.
- Das Fahrzeug sollte 18 Zoll (45 Zentimeter) tiefe Gewässer durchqueren können.
- Die Konstruktion sollte den Betrieb von Schneketten erlauben.

Obwohl die drei Modelle anfangs unterschiedlich waren, wuchsen sie jetzt so langsam in die gleiche Form hinein. Willys hatte aber ein großes Problem, da die Army jetzt mitteilte, man wolle das Gewichtslimit nicht noch einmal ändern.

Wells erzählt die Geschichte wie folgt: »Die Hürde wurde vom Unter-

*Willys-Overland kam mit dem Quad etwas später ins Spiel (rechts oben), Delmar »Barney« Roos war für dessen Konstruktion verantwortlich. Der Quad gab sein Debüt in Camp Holabird am 11. November 1940. Der Quad lag etwa 15 Kilo über dem gewünschten Gewicht, hatte aber den leistungsstärksten Motor unter den drei Kandidaten. Der »Go-Devil« lieferte nicht weniger als 61 PS aus seinen sechs Zylindern. Aus dem Quad entstand der MA, Vorgänger des Jeeps. Der Bantam (rechts unten) kam trotz des schwachen Fahrgestells auf dem zweiten Platz. Der Bantam war der leichteste der drei und hatte auch den niedrigsten Verbrauch.*
*Aus allen drei zusammen entstand dann der endgültige Jeep; Willys und Ford sollten ihn bauen. Bantam gab aber nicht auf und stellte den Antrag, die Herstellung übernehmen zu dürfen. Bantam kam jedoch nicht zum Zuge und stellte stattdessen Anhänger, nicht nur für den Jeep, her.*

U.S.A. Q.M.C.
QUAD

sekretär des Kriegsministeriums, Patterson, überwunden.« Oberst (später General) H.J. Lawes, Kommandant des Testzentrums in Camp Holabird, teilte Willys-Overland mit, es gäbe da eine gewisse Flexibilität bei den Gewichtsangaben. Patterson ließ deswegen Willys die 1500 Fahrzeuge ohne Rücksicht auf das Gewicht bauen. Das Thema war jedoch damit nicht ganz vom Tisch und Ward Canaday erinnerte sich später: »Die erste Runde hatten wir gewonnen, riskierten aber immer noch, spätere Bestellungen zu verlieren, konnten wir das Gewicht nicht senken. Der Auftrag wäre uns allerdings trotzdem verlorengegangen, hätten wir unseren Motor durch einen leichteren ersetzt und deswegen an Leistung verloren.«

Willys mußte also unbedingt zwölf Prozent Gewicht abspecken, etwa 120 Kilo, und das bei einem Fahrzeug, das kaum mehr als das Nötigste besaß, um überhaupt fahren zu können. Ein kleinerer Motor hätte fast 35 Kilo gebracht, womöglich der Continental den Bantam verwendete. Da aber Barney Roos von Insidern erfahren hatte, daß genau der kraftvolle Go-Devil Motor seine stärkste Karte war, berücksichtigte man diese Idee überhaupt nicht.

Roos, geduldig, entschlossen und einfallsreich, zerlegte das Fahrzeug komplett. Jede Schraube, jede Befestigung wurde unter die Lupe genommen. Wo es nur möglich war, wurde Metall weggeschnitten Stehbolzen, Schrauben, sogar Sicherungsklammern gekürzt. Der schwere Rahmen aus Kohlenstahl wurde durch einen aus leichteren Legierungen ersetzt. Das Gleiche geschah mit den Karosserieteilen. Zum Schluß wurde sogar die Farbe auf die Waage gestellt. Eine Schicht mußte reichen, eine zweite hätte die Gewichtsgrenze wieder gesprengt. Mit 0,2 Kilo lag die endgültige Ausführung schließlich unter dem Limit.

Roos führte auch weitere kleine, aber wichtige Modifikationen am Motor aus. Vergaser und Ansaugkrümmer wurden modifiziert, was die Bergsteigefähigkeit verbesserte; Öl- und Luftfilter wurden für extrem harte Einsätze ausgelegt. Barney Roos erntete mit Recht sehr viel Lob für seine Arbeit. Leider traten dabei auch die Bemühungen von Probst und Bantam ganz in den Hintergrund. *Modern Industry* schrieb: »Als die Army das Lastenheft veröffentlichte, hatte Roos nur den Motor, rund um den er ein Fahrzeug bauen sollte. Er und seine Mitarbeiter bei Willys-Overland konstruierten von Grund auf ein neues Fahrzeug, da die Konkurrenten versuchten, Vorhandenes neu zu gestalten, um ihre Produktion ohne große Änderungen umstellen zu können.«

Mit 4500 Fahrzeugen im Militärdienst konnten die drei Produkte ausgiebig bewertet werden. Willys war eindeutig im Vorteil, dank seines kräftigen Motors. Willys hatte aber auch weitere Vorteile, wie etwa Schutzbleche unter Motor und Getriebe, stärkeres Blech für die Karosserie und überdimensionierte Doppellenker für die Lenkung.

Andererseits gab es viele Beschwerden über kleine Mängel am Bantam: Überhitzung, unterdimensioniertes Getriebe mit nicht zuverlässiger Synchronisierung. Die Scheibenwischer mußten von Hand betätigt und die Batteriebefestigung ständig geschweißt werden.

Ford hatte allerdings noch schlechtere Karten. Laut einem Testfahrer hatte der Pygmy »die meisten Probleme mit dem Motor, mit ständigen Lagerschäden«. Das unsynchronisierte Getriebe fand ebenfalls keine große Fangemeinde.

Zu diesem Zeitpunkt fand die Armee einen Ausweg aus dem Dilemma. Warum aus den drei Prototypen nicht ein einziges Fahrzeug bauen? Die zweite Alternative wäre, einen zu wählen und die guten Teile der anderen beiden zu

*Der Jeep bewies rasch seine Tauglichkeit fürs Militär. Obwohl die USA offiziell noch nicht in den Krieg eingetreten waren, stand der Jeep, dank amerikanischer Lieferungen an die Alliierten, bereits in China, Afrika und Rußland (rechts oben) im Dienst. Noch während die Erprobung lief, hatte die Army vorab schon einmal 1500 Einheiten bei jedem der drei Hersteller (Willys-Overland, Ford, Bantam) geordert. Sie gingen im Rahmen des sogenannte »Lend-Lease-Programms«, dem Pacht-Leihvertrag, an die bereits im Kampf stehenden Verbündeten.*

E-22-3

übernehmen. Um Zeit und Geld zu sparen, entschied man sich für die zweite. Aus irgendeinem Grund bekam Ford, der Letztplazierte in den praktischen Tests, vom Quartermaster Corps den Auftrag, 16.000 Einheiten zu bauen.

Unter William S. Knudsen protestierte das Rüstungsamt gegen die Entscheidung. Dabei hatte Willys-Overland nicht nur das beste Fahrzeug vorgestellt, sondern lag mit seinem Angebot auch um 640.000 Dollar unter dem von Ford. Ford blies zur Gegenattacke. Das QMC behauptete, Ford wäre der zuverlässigere Vertragspartner, und deswegen hätte man sich dafür entschieden. Kritiker wußten aber, daß Ford ständig Probleme mit der Belegschaft hatte und daß weitere Krisen nicht auszuschließen waren. Knudsen, der sich mit Produktionsproblemen gut auskannte, setzte dagegen weiter auf Willys-Overland und sich schlußendlich auch durch.

Die Arbeit in Holabird ging jetzt erst richtig los, jetzt ging es darum, das Jeep-Projekt (Code »MA«) großserientauglich zu machen. Das Modell MB wies folgende Verbesserungen auf:

- Verbesserter Vergaser und Luftfilter.
- Ein 40-Watt Generator, bekannt als QMC Standard Generator, in Verbindung mit einem Behörden-Regler.
- Größere Scheinwerfer – 5 Zoll – Sealed Beam-Typ.
- Größere Batterie, Behörden-Ausführung.
- Handbremse von der linken Seite zur Mitte umgebaut, damit auch der Beifahrer im Notfall sie problemlos bedienen konnte.
- Schalthebel wechselte seine Position von der Lenkstange zum Boden. Begründung war, allen Militärfahrzeugen eine identische Plazierung der Bedienungselemente zu geben.
- Zum Schutz der Lenkanordnung wurden die Teile so hoch wie möglich über dem Boden angebracht.
- Bremsleitungen wurden extra geschützt.
- Doppelte Sturzbügel ersetzten den einfachen und verbesserten die Kopffreiheit, ohne das Profil des Jeeps höher zu machen.
- Federbeine wurden gegen Schmutz abgedichtet.
- Befestigungen für Axt und Schaufel angebracht.
- Tarnlichter, schon im Dienst bei anderen Militärfahrzeugen, kamen zum Einsatz.
- Eine zusätzliche Zapfwelle wurde angebracht und konnte Anbaugeräte der Navy und des Marine Corps treiben.

Der Standard-Jeep MB wurde fünf Zentimeter länger als der MA-Prototyp. Für ein so stabiles Fahrzeug war das Gewicht 2450 Pfund, oder 1111 Kilo, nicht zu schwer. Mit der Zeit kamen auch andere Modifikationen dazu, wie verstärkte Felgen und dickere Reifen (6.00-16). Entstörte Kerzenstecker, ein extra Tarnscheinwerfer links vorn sowie eine zusätzliche Steckdose hinten für Anhänger gehörten zu den elektrischen Modifikationen. Für den Notfall befand sich hinten ein 5-Gallonen Reservekanister.

Wie gut die endgültige Ausführung war, bewies ein Bericht von Major J.H. Chamberlain nach einer offensichtlich anstrengenden Fahrt: »Mörderische Versuche zeigten, daß der Jeep so gut kämpfen konnte wie fahren.«, schrieb der Major. »Und er konnte dort fahren, wo kein Motorrad hingelangte. Außerdem ist ein Motorradbote verletzbar. Ein einziger Scharfschütze kann ihn zum Fall bringen und wichtige Befehle in feindliche Hand bringen. Ein Jeep, mit bewaffneten Männern und Maschinengewehr ist ein härterer Gegner. Und der Jeep kann sich selber in hervorragenden Kampfpositionen durchschlagen. In Mississippi lernte ich aus erster Hand wie es ist, über Tannenbaumstümpfe mit 80 km/h zu fahren... (Der Fahrer)

# Lieutnant General William S. Knudsen Der geistige Vater

***William S. Knudsen (oben) war der einzige Zivilist, der direkt zum Lieutnant General ernannt wurde. Er sollte die Produktion von Kriegsgeräten ankurbeln.***

Wäre nicht die Intervention von William Signius »Big Bill« Knudsen gewesen, hätte die US Army den Ford-Prototypen geordert, wie es der Quartermaster General empfahl, obwohl die Konstruktion von Willys der von Ford klar überlegen war. Knudsen war also in die Entwicklung des Autos nicht direkt involviert, ohne ihn wäre die Geschichte aber anders ausgegangen.

Er war ein großgewachsener Mann, der in den Augen seiner Zeitgenossen aussah »wie ein gut gekleideter und sehr intelligenter Eisbär«. Knudsen sprach mit einem weichen, leisen Akzent.

Der Däne Bill Knudsen wanderte mit 21 Jahren in die USA aus und fing an, auf einer Werft in der Bronx zu arbeiten. Später reparierte er Lokomotiven, stellte Fahrräder her und baute Teile für einen von Fords Zulieferern. Als Ford die Firma aufkaufte, gehörte Knudsen zu den Aktivposten. Bald war er Produktionschef der Ford Motor Company. Zwischen 1913 und 1914 errichtete er nicht weniger als 14 Ford-Produktionsstätten; er war ein Meisterschrauber, begabter Fehlersucher und eine Schlüsselfigur für die Entwicklung moderner Massenherstellungsmethoden.

Es war wohl unvermeidlich, daß sich der selbständige Knudsen und der machtgierige Henry Ford in die Quere kamen, Ford feuerte Knudsen im Jahre 1921. Knudsen ging im darauf folgenden Jahr zu General Motors als Berater. Nach drei Wochen sollte er – im Range eines Vizepräsidenten – die Chevrolet-Produktion wieder auf Vordermann bringen. Die Aufgabe war ihm wie auf den Leib geschneidert und gab ihm auch die Möglichkeit, seine offene Rechnung mit Henry Ford zu begleichen. 1924 war er Präsident und Chevrolet-General Manager sowie Vizepräsident von General Motors. Der Tag würde kommen, versprach Knudsen in seinem gebrochenen Dänisch den Mitarbeitern, an dem Chevrolet so viele Autos verkaufen werde wie Ford.

Als Chevrolet die Marktführerschaft übernommen hatte, wurde Knudsen Präsident von General Motors. Als sich aber dann der Krieg abzuzeichnen begann, berief ihn Präsident Franklin D. Roosevelt zum Berater für das Rüstungsamt, die National Defense Advisory Commission. Zutiefst betroffen von der deutschen Besetzung seines Geburtslandes kündigte Big Bill den Posten bei General Motors (was für ihn selbstverständlich finanzielle Nachteile mit sich brachte) und fing an, Lieferengpässe, die einer Ausweitung der Kriegsproduktion im Weg standen, fast mit Gewalt zu öffnen.

Bei Amerikas Eintritt in den Krieg wurde Knudsen der Rang eines Lieutnant General verliehen, der einzige Zivilist in der amerikanischen Geschichte, dem eine solche Ehre wiederfuhr. Er sollte den Produktionsausstoß erhöhen, und genau da paßten seine Talente. Bei einem Besuch auf dem pazifischen Kriegsschauplatz wurde er gefragt, warum er sich denn als Nicht-Kämpfer die Schlachtfelder besuche. Seine Antwort: »Ich wollte mit eigenen Augen sehen, was die Kundschaft von unseren Produkten hält.«

Am Kriegsende - vom dänischen König mit der Ritterwürde ausgezeichnet, obwohl er seit 1914 amerikanischer Staatsbürger war - erhielt Knudsen viele Auszeichnungen. Als er sich bereit machte, zurück nach Detroit zu gehen, erfuhr er, daß der Präsident ihn sehen wolle. Er hatte eben die Distinguished Service Medal, eine hohe Auszeichnung, zum zweiten Mal erhalten, und stolz steckte er sich für seinen Besuch beide ans Revers. Der Protokollführer informierte ihn diskret, daß eigentlich nur die eine getragen werden dürfe. Knudsen wollte das nicht verstehen: »Sie haben doch eben gesehen, wie Patterson (Untersekretär des Kriegsministerium) mir eine verlieh. Eine habe ich schon vorher gehabt, ich trage sie beide!« Stolz verließ er Pentagon mit beiden Auszeichnungen, um seinem Oberkommandierendem Adieu zu sagen.

Dieser Selfmade-General lernte nie richtig salutieren. Trotzdem erntete er überall Respekt, sei es in der Army oder bei Chevrolet. Sein Beitrag zur Jeep-Entwicklung ist nicht allgemein bekannt, es dürfte ihm auch ziemlich gleichgültig sein: Um Ruhm und Ehre hat er sich nie groß gekümmert, aber ohne ihn hätte es den Jeep, eines der wichtigsten Erzeugnisse des Zweiten Weltkriegs, nie gegeben, oder wenn, dann deutlich weniger leistungsfähig.

bremste den Wagen, fuhr über einen verkohlten Baumstumpf und setzte auf. Ich erwartete nur ein großes Loch im Kurbelgehäuse, bekam aber dann die Schutzschilder unten drunter gezeigt. Mit den extra dafür angebauten Griffen hoben wir das Auto vom Hindernis frei. Strategen bewundern vor allem das niedrige Profil des Jeeps. Nur dreieinhalb Fuß hoch, ist der Jeep in hohem Gras schwer zu entdecken und noch schwieriger zu treffen. Der Fahrer zielte auf den herunterhängenden Ast einer dicken Eiche. Ich dachte, der Fahrer wollte wohl die Manöverfähigkeiten zeigen und erwartete einen Ausweichmanöver. Bald sah ich, daß er keine solche Absichten hatte. - Ducken! schrie er. Ich bückte mich schnell herunter und der Ast sauste über unsere Köpfe im Millimeterabstand hinweg. Erst dann bemerkte ich, daß ich meine 190 Pfund zwischen Sitz und Instrumentenbrett eingezwängt hatte und doch Platz übrig hatte. Und wieder - Achtung! Wir durchquerten einen Bach. Das Wasser strömte über die Motorhaube, aber alle elektrische Bauteile sind so hoch angebracht, daß es ihnen nichts ausmacht. Wir kletterten die Uferböschung wieder hoch, eine 30prozentige Steigung, doppelt so steil wie das, was man auf einer Landstraße begegnen kann.« Major Chamberlain hielt, zusammen mit den meisten Amerikanern, den Jeep für ein Symbol jenes Erfindergeists, der die US-Industrie groß gemacht hatte.

Im Oktober 1941 stand fest, daß die Vielseitigkeit und Verwendbarkeit des Jeeps alle Erwartungen übertraf. Zum Teil um einen Lieferengpaß zu vermeiden, aber auch das Risiko eventueller Sabotageakte bei Willys auszuschließen, beschloß die Army, einen zweiten Lieferanten zu suchen. Der Quartermasters-General E. B. Gregory überging wieder Bantam und nahm Kontakt mit Edsel Ford auf. Er wollte, daß Ford auch den Willys Jeep herstellte, einschließlich Barney Roos Go-Devil-Motor. Alle Teile, erfuhr Edsel Ford, sollten mit den Bauteilen von Willys austauschbar sein.

Edsel zögerte nicht mit der Zusage und am 10. Januar 1942 wurde eine Vereinbarung getroffen. Ford sollte 15.000 GPW (General Purpose Willys) für 14.623.900 Dollar bauen. Willys lieferte Patente, Spezifikationen und Baupläne an Ford, nach einigen Quellen ohne Ausgleich. Andere wiederum behaupten, daß Ford sehr wohl Lizenzgebühren bezahlt habe. Es war auf jeden Fall eine bisher unbekannte Zusammenarbeit zwischen zwei Konkurrenten. Es kann sogar sein, daß das Abkommen gegen das Kartellgesetz verstieß. Nebenbei: Die von Ford gebaute Version unterschied sich doch etwas von der Willys-Vorlage: Am U-förmigen Querträger des Rahmens. Willys hatte dort ein geschlossenes Rohr.

Bei Bantam war inzwischen Präsident Frank Fenn verständlicherweise wütend. In einem Brief von 23. März 1942 schrieb er (nach Historikern Denfield und Fry), daß er nicht »verstehen konnte, wieso Bantam nicht die Möglichkeit bekam, ein Angebot einzureichen, da man ja bekanntlich die eigentliche Entwicklung doch durchgeführt hatte...« Außerdem, fuhr Fenn fort, hatte schließlich Bantam vorgeschlagen, man solle die besten Komponenten aus den drei Prototypen zusammenfassen und sich auch bereit erklärt, den so entstandenen Wagen mitzubauen. Er erzählte auch er habe, in der Hoffnung auf späterem Profit, die Herstellungskosten für das Spicer-Getriebe mit 130.000 Dollar mitfinanziert. Im Endeffekt hatte er auf dieser Weise die Produktion von Willys und Ford mitbezahlt.

Trotz Fenns Proteste sollte Bantam keine Jeeps mehr bauen. Als der Krieg zu Ende war, hatte Willys 362.841 und Ford 281.448 Stück gebaut. Für Bantam,

*Der Willys-Overland MA war ein verbesserter Quad. Wegen der Gewichtsprobleme des ursprünglichen Quads überarbeiteten Barney Roos und seine Männer den ursprünglichen Entwurf, verwendeten dünneres Blech, einen leichteren Rahmen und sogar kleinere Schrauben und Muttern. Die meisten der 1500 MA landeten in Rußland. Dieser MA (rechts) absolvierte die Army-Tests als bester (mit einer Ford Pygmy-Front) und ging als MB in Serie. Der MA unterschied sich in vielerlei Hinsicht vom Quad, unter anderem im runderen Türausschnitt, den einteiligen Rädern, der Schaltung an der Lenksäule, den zwei Rundinstrumenten und der Handbremse auf der linken Seite.*

WILLYS

WILLYS
6766-H

der den Ball ins Rollen gebracht hatte, blieb es bei den ursprünglichen 2643, eine lächerlich geringe Zahl. Bantams letzte Hoffnung bestand darin, die Version mit Allradlenkung bauen zu dürfen, jenes Modell, das in nur acht Exemplaren entstanden war. Entgegen dem Wunsch des Militärs legte das Quartermaster Corps aber diese Idee bald zu den Akten, anscheinend wegen der komplexen Konstruktion, die im Feld für Ärger sorgen könnte.

Wenn man bedenkt wie Bantam finanziell dastand und wie begrenzt die Produktionskapazität im Werk war, scheint vielleicht die Entscheidung, auf Willys und Ford zu setzen, doch nicht so aus der Luft gegriffen. Das Produkt der größeren Hersteller war auf jeden Fall nicht schlecht und führte bekanntlich zu einem der legendärsten Fahrzeuge des Zweiten Weltkriegs.

***Quartermaster General E. B. Gregory bat Edsel Ford (links), die Herstellung des Willys zu übernehmen, einschließlich des von Barney Roos entwickelten Go-Devil-Motor. Ford zögerte nicht und bekam den Auftrag über die Fertigung von 15.000 Jeeps, GPW genannt - General Purpose Willys. Dadurch blieb Bantam auf der Strecke und kam bei der Jeep-Produktion nicht zum Zuge. Zusammen bauten Ford und Willys im Zweiten Weltkrieg 644.289 Jeeps.***

***Das zweite Modell von American Bantam, der 40 BRC (1940 Bantam Reconnaissance Car), ein Aufklärungsfahrzeug, wurde im Rahmen des Lend-Lease Programms England überstellt (rechts oben). Ein zweites Baulos 1941 ging nach Rußland. Kurz vor dem japanischen Überfall auf Pearl Harbor rollte mit der Fahrgestellnummer 2675 der letzte Bantam vom Band. Die endgültigen Jeeps, der MB und der GPW (rechts unten) schrieben Geschichte und lebten weitere 40 Jahre, bis 1986 die Herstellung des CJ-7 eingestellt wurde.***

Kapitel 3

# Jeep zieht in den Krieg: 1942 - 1944

Die Leichtigkeit, mit der die Deutschen durch Belgien, Holland und Luxemburg und weiter nach Nordfrankreich zogen, hatte den Alliierten einen harten Schlag versetzt. Ab 10. Mai 1940 waren die deutschen Truppen so schnell vorgestoßen, daß innerhalb von 16 Tagen die Franzosen und Briten mehr oder weniger in den Ärmelkanal getrieben worden waren. Wäre es nicht zu der berühmten Evakuierung in Dünkirchen gekommen, wären schon tausende von britischen Soldaten in Kriegsgefangenschaft marschiert. Am 14. Juni fiel Paris, acht Tage später Frankreich. In der Praxis stand jetzt Großbritannien gegen die deutsche Kriegsmaschinerie alleine da.

Präsident Franklin D. Roosevelt verstand besser als die meisten Amerikaner den Ernst der Lage. In einer Rede am 10. Juni empfahl er seinen Landsleuten »den Gegnern der Gewalt die Ressourcen unserer Nation zur Verfügung zu stellen«. Aus Amerika wurde - in Roosevelts eigenen Worten – »das Arsenal der Demokratie«.

Im März des folgenden Jahres stimmte der Kongress dem sogenannten Lend-Lease Programm, dem Pacht-Leih-Programm, zu. Es sollte Material, wie Panzer, Flugzeuge und Trucks zusammen mit Lebensmitteln und anderen Vorräten, aber auch Dienstleistungen, zur Verfügung stellen. Erster Abnehmer war Großbritannien, aber das Programm umfaßte bald auch China und, im September, die Sowjetunion. Die Gesetzgebung gab dem Präsidenten das Recht, die Höhe der Rückzahlung zu entscheiden, »in jeder Art, in Gegenständen oder direkten oder indirekten Begünstigungen, die der Präsident für angemessen hält«. Selbstverständlich blieb die Mehrheit der Gesamtsumme - zum Schluß mehr als 49 Milliarden Dollar – ein Geschenk. Die unterstützten Nationen lieferten allerdings an im Ausland stationierte Truppen etwa acht Millionen Dollar im »umgekehrten« Lend-Lease.

Von der im Rahmen dieses Programms empfangenen Unterstützung wurde keine so enthusiastisch empfangen wie der Jeep. Am 19. September 1941 wurden der amerikanische Diplomat W. Averell Harriman und sein britischer Kollege, Lord Beaverbrook, nach Moskau geschickt, für eine Besprechung mit Josef Stalin. Thema war Menge und Auswahl der unter dem Lend-Lease Programm vorhandenen Ausrüstung, die der Sowjetunion zur Verfügung gestellt werden sollte. Im scharfen Kontrast zu seinem Benehmen bei früheren Besprechungen war Stalin diesmal kurz im Ton, fast unhöflich. Harriman, der geborene Diplomat, stellte eine großzügige Liste vor, mit jener Ausrüstung die Großbritannien und USA liefern wollten. Die Lage der Sowjetunion war zu diesem Zeitpunkt verzweifelt.

Stalin zeigte sich nicht besonders beeindruckt, eher feindlich eingestellt. Harriman las die Liste weiter vor und erreichte dann den Punkt mit 5000 Jeeps. Stalins Augen leuchteten auf.

*Auch vor dem japanischen Angriff auf Pearl Harbor hatte der Jeep seine Tauglichkeit im Krieg bewiesen. Als der amerikanische Präsident F.D. Roosevelt die USA das Waffenarsenal der freien Welt nannte, bot er seinen Alliierten materielle Unterstützung in Form des Lend-Lease-Programms an. Der Jeep war ein wichtiger Teil davon und traf bald auf den Kriegsschauplätzen in Osteuropa, Nordafrika und China (rechts) ein. Er diente als Aufklärer, Kommandozentrale, als Feldaltar und alles, was man sich nur denken konnte. Josef Stalin nannte den Zweiten Weltkrieg einen »Krieg der Motoren« und meinte: »Die Seite mit den meisten wird gewinnen«. Der Jeep ersetzte Maulesel und Pferd und noch viel mehr. Er konnte dorthin gelangen, wo jeder Esel sich weigerte und verlangte nicht viel Pflege. In der Wüste, im Dschungel und auf den Schlachtfeldern in ganz Europa gewann der Jeep die Herzen der Soldaten. Hier beginnt die Jeep-Legende.*

»Gut!« soll er gerufen haben. »Aber ich will mehr davon. Es ist ein Krieg der Motoren. Man kann nicht zuviel davon haben und die Seite, die die meisten hat, wird gewinnen.«

Alle wollten Jeeps. Zur Zeit konnte Josef Stalin aber nur 5000 bekommen, soll aber später noch einige Tausende zusätzlich erhalten haben. Angeblich soll die sowjetische Propagandamaschinerie verkündet haben, die Jeeps wären in Rußland gebaut, in einem bisher geheimen Werk. Den Soldaten war aber bekannt, woher der Jeep kam und sie gaben ihm auch einen Spitznamen: »Oeelees« – Wheels, Räder. Die Geschichte stammt von Doreen Canaday Spitzer, der Tochter des Vorstandsvorsitzenden von Willys-Overland Ward Canaday. Der Kriegsberichterstatter Henry Cassidy telegraphierte von der russischen Front: »Der Jeep und der russische Schlamm sind sich begegnet und die Situation ist unter Kontrolle.«

In seinem Buch *Lend-Lease, Weapon for Victory* erzählt Edward R. Stettinus Junior, später Franklin D. Roosevelts Staatssekretär, die folgende Geschichte: »Die Russen lernten früh die Vorteile des Jeeps kennen ... Sie wollten ursprünglich Gespannmotorräder, ich schrieb aber an Botschafter Litvinov Ende Januar 1942, daß unsere Streitkräfte sich fast ausschließlich auf Jeeps verließen, nicht auf Motorräder ... Sie beschlossen, unsere Jeeps zu probieren und fanden, unsere Army hatte alles Recht, ihm zu vertrauen ... Sie liefen so gut im Sumpf und auf schlechten Straßen, daß die Rote Armee schnell neue Bestellungen einreichte. Wir haben anschließend mehrere tausend geliefert. Im letzten Jahr besuchte ein Kriegsberichterstatter von Associated Press eine sowjetische Artillerieeinheit an der Zentralfront. Er wurde in einem Jeep durch dicken Schlamm zu der Kommandozentrale gefahren. Zwischen den

***Seine Vielseitigkeit war seine größte Stärke. Der Rahmen war so kräftig ausgelegt, daß fast jeder Aufbau angebracht werden konnte. Dieses Chassis - T14 (links) - diente als Waffenplattform, Krankenwagen, Aufklärer oder Kommandozentrale. Im Krieg wurden Jeeps oft weitgehend umgebaut. Einige hatten verlängerten Radstand, andere Antriebsketten hinten.***

***Das niedrige Gewicht und die gute Bodenfreiheit ließen den Jeep alles mitmachen - auch das Fahren durch die Brandung direkt von der Rampe des Landungsschiffes. General George C. Marshall (rechts oben) überwacht, zu sehen in der Mitte des Fotos, die Landung in Afrika 1943. Ein Maschinengewehr (ganz rechts oben) Kaliber .50 verwandelte den Jeep in ein Flakgeschütz, so konnte er im Feld die Soldaten gegen Luftangriffe schützen ebenso wie Flugplatz-Landebahnen sichern. Während des japanischen Angriffs auf das chinesische Festland war ein Jeep das erste Fahrzeug, das die Burma Road überquerten.***

CAR 4

A 50 CALIBER ANTI-TANK GUN MOUNTED ON A JEEP

Schlägen und Sprüngen fragte er den Fahrer, wie er den Wagen fand und bekam als Antwort: 'Zamechatelno!' Spitze...«

General Sir H. Maitland, der Soldat mit der längsten Dienstzeit in der Armee Seiner Majestät, schickte Jugoslawiens Marschall Josef Tito einen Jeep: »Mein Vertreter erzählt mir, daß Tito entzückt ist und von dem Fahrverhalten über die schlechten Straßen sehr beeindruckt.«

Der Jeep bewies an jedem Frontabschnitt seine Fähigkeiten. Major General Courtney H. Hodges, Infanteriekommandant, nannte ihn »den nützlichsten Wagen, den wir bis jetzt hatten«. Als Transportmittel beförderte er drei Mann, zur Not sechs. Als Aufklärer kam er überall hin, sogar an Stellen, wo Motorräder nicht herankamen. Mit einem MG Kaliber .30 oder .50 entwickelte der Jeep eine beachtliche Feuerkraft. Mit Sender, Notproviant und ein paar Dekken diente er als bewegliche Kommandozentrale. Im Pazifik fuhr er Vorräte von den Korallenstränden zu der Frontlinie. Mit angebauten Ladeflächen konnte er Verwundete transportieren. Mit seiner niedrigen Silhouette konnte er, ohne entdeckt zu werden, viel näher als ein üblicher Krankenwagen an der Frontlinie operieren.

Ging der Alarm los, konnte der Jeep Flugzeuge auf dem Boden in Sicherheit bringen. Ziemlich mühelos bugsierte er 37-Millimeter-Panzerkanonen. Für Nachtpatrouillen war er nahezu perfekt. Eine zeitlang kursierten Gerüchte, er solle mit einer 37-Millimeter-Kanone ausgestattet werden. Da das Gewichtslimit bei etwa 365 Kilo lag, klingt die Idee, eine fast 1800 Kilo schwere Kanone zu schleppen, vielleicht absurd. Daß das Gerücht aber weltweit zirkulierte, erzählt etwas über das Vertrauen in das niedliche Auto.

Auch Kinder sprach der Jeep an, viel-

*Willys warb während der Kriegszeit ausschließlich mit Kampfszenen (links). Die Darstellungen waren meist sehr dramatisch, in jedem Fall sehr bunt und versuchten zwischen dem Jeep und den Willys-Automobilen der Vorkriegszeit eine Verbindung herzustellen - ein sehr gewagtes Unterfangen, schließlich hatte der Vorkriegs-Americar mit dem Jeep lediglich den Go-Devil gemeinsam.*

*Hohe Militärs bevorzugten den Jeep als Transportmittel. General Douglas MacArthur (rechts oben), Befehlshaber der US-Truppen im Pazifik, führte seine Truppen vom Jeep aus gegen Japan. Generäle fuhren aber niemals auf dem Rücksitz, wie MacArthur und Lieutnant General Mark W. Clark (rechts) hier zeigen. Man saß nämlich besser vorn und hatte mehr Beinraum. Hinten war es bedeutend enger und die Beifahrer litten oft unter Hämmorhoiden. Oft wurden die Jeeps kistenweise an die Front geschickt und dort zusammengebaut (unten rechts). Die Verpackung gab es in verschiedenen Ausführungen: Entweder als Twin Unit Packs, das heißt zwei Jeeps in einer oder in bis zu fünf Kisten; Single Unit Packs enthielten einen Jeep in einer oder zwei Kisten. Oft genug entwickelten sich unter den Truppenteilen regelrechte Schnellschraub-Wettbewerbe; während einer Royal Tournament Show in Earls Court in London wurde ein Jeep in 3 Minuten und 31 Sekunden zusammengesetzt.*

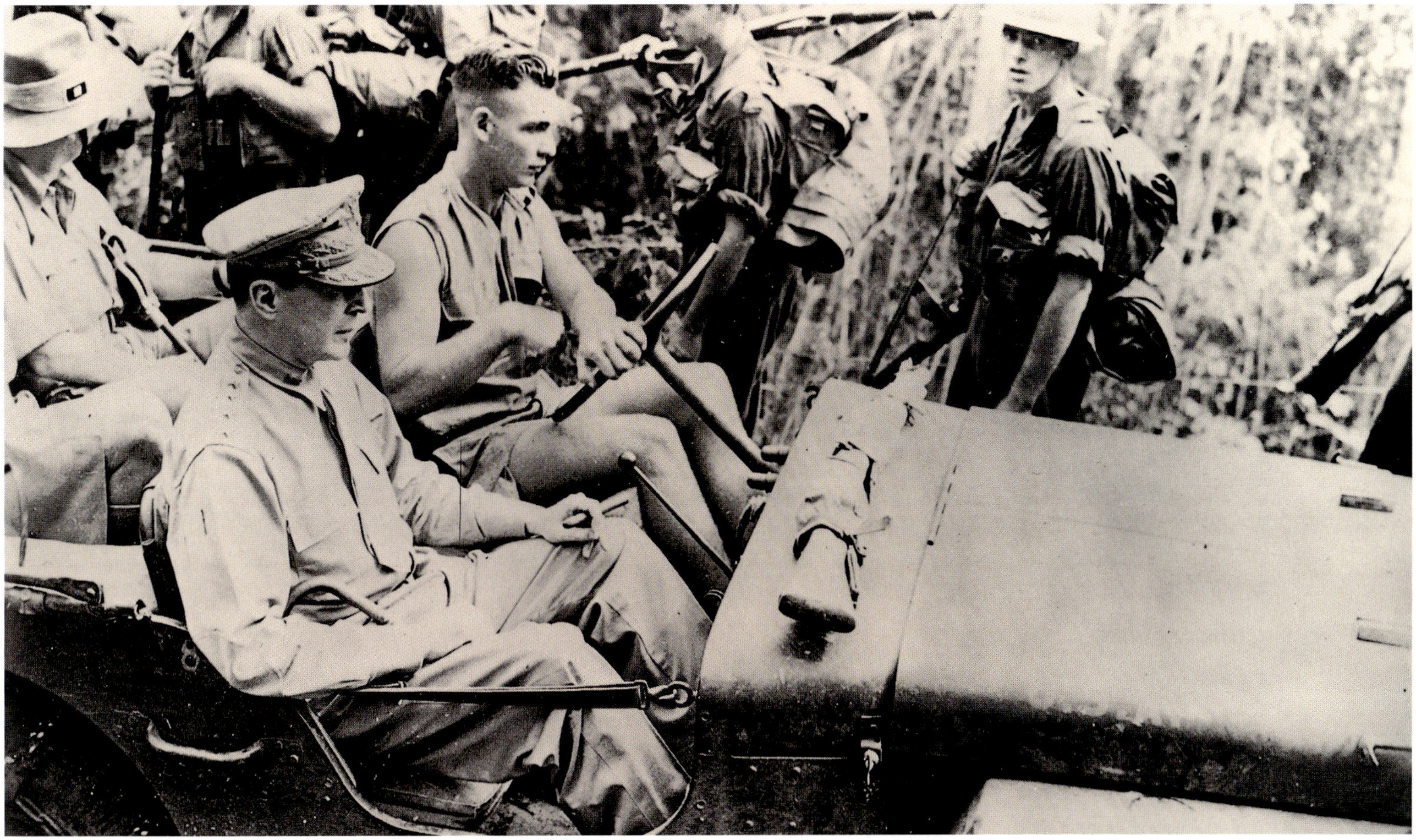

# Woher der Name Jeep?

Gelegentlich wird erzählt, daß der Name Jeep sich von der Armee-Bezeichnung GP herleite - General Purpose, Mehrzweck. Es gibt aber auch andere Erklärungen.

Die eine Theorie besagt, das Wort sei durch mehrere Variationen einer Grundform entstanden. John Christy schrieb in *Motor Trend* (Dezember 1973), er erinnere sich an einen Professor der Militärwissenschaft, der hundertprozentig sicher behauptete, »Jeep wäre 1941 die Bezeichnung für einen Dodge Halbtonner gewesen, während der kleine Viertelonner Peep genannt wurde«. Michael Lamm stieß ins gleiche Horn in der November/Dezember Ausgabe von *Special Interest Autos*: »Die Debatte über den Ursprung schlägt heute noch Wellen. Joe Frazer, Präsident von Willys-Overland zwischen 1939 und 1944, behauptet, er habe den Namen erfunden, indem er die Bezeichnung "GP" undeutlich ausgesprochen habe.«

Das Wort Jeep wurde aber schon 1914 verwendet, und zwar von Armeemechanikern, die neue Fahrzeuge testeten. Die Traktoren, die Minneapolis Moline 1937 an die Armee lieferte, wurden so genannt. Der Vorgänger der später so berühmten Boeing B-17 hieß auch einmal Jeep.

© 1994 King Features, Inc.

Neben seiner offiziellen Bezeichnung GP hatte der Jeep auch viele andere Namen. Zu den druckreifen gehören Bantam, Blitz Buggy, Bub, Gnat, Quad, Pygmy, Midget und Peep.

Es könnte natürlich auch sein, daß »Eugene the Jeep« Taufpate des Geländewagens war. Eugene war ein kleines Tier, das erstmals in einem Popeye-Comic vom September 1936 auftauchte. Sein Schöpfer war E.C. Segar und der Auftraggeber King Features Syndicate, Inc.

Diese Kreatur kam aus den dunkelsten Teilen Afrikas und sollte vierdimensional sein. Sie ernährte sich von Orchidéen und konnte im Nu zwischen den Dimensionen wechseln. Selbstverständlich war Eugene dann in der vierten Dimension für alle dreidimensionalen Geschöpfe unsichtbar.

Hatte tatsächlich Testfahrer Red Hausmann an die gleichen Fähigkeiten gedacht, als er den Namen verwendete? Das kleine Fahrzeug konnte ja, genau wie das kleine Tier, überall hingelangen und sich auch unsichtbar machen. Ein Jeep konnte zweifelsohne in der Not ein guter Freund sein.

Egal wer der Name erfand, wir wissen auf jeden Fall, wer den Ausdruck unsterblich machte: Katharine Hillyer, Staff Writer bei der *Daily News* in Washington. Einen Tag im Februar 1941 demonstrierte Red Hausmann ihr eines dieser neuen Fahrzeuge. Sie fuhren durch Rock Creek Park in Washington, und ganz unverhofft fing Hausmann an, die Fähigkeiten des Wagens zu demonstrieren.

Er ließ den Wagen Hügel hinaufklettern, Gewässer durchqueren und dazwischen über alles, was im Weg lag, springen.

Die anwesenden Beobachter fragten erstaunt, als Hausmann anhielt: »Wie heißt denn das Ding, Mister?«

Hausmann, noch mit seinen Händen am Lenkrad, antwortete stolz: »Es ist ein Jeep!«

Katharine verwendete den Namen Jeep in ihrem Bericht, und auch in der Bildunterschrift tauchte der gleiche Name auf. Die Geschichte erschien in den *Daily News* am 19. Februar 1941. Der Name blieb.

***Viele behaupten, der Name »Jeep« stamme aus den Popeye-Comicstrips. »Eugene the Jeep« erschien zum erstmals 1936 (links) und war ein vierdimensionelles Tier aus Afrika. Eugene konnte unbemerkt aus jedem Zimmer und jeder Lage verschwinden oder wieder auftauchen, genau wie das Auto im Zweiten Weltkrieg. Woher der Name kommt, werden wir nie wissen, als Bezeichnung des Autos erschien er aber erstmals in den Daily News in einer Bildunterschrift. Er blieb dann auch hängen.***

***General George S. Patton (rechts oben) fuhr durch Afrika und Europa in einem Jeep. Er war für seine Hartnäckigkeit und Ausdauer bekannt, die gleichen Qualitäten, die den Jeep berühmt machten. General Marshall (ganz rechts oben) nimmt an einer Siegesparade in Italien teil. Die Stange am Grill schützte die Insassen, denn der Gegner spannte oft Drähte in entsprechender Höhe quer über den Weg - mit fatalen Folgen für die Jeep-Besatzung.***
***Jeeps wurden auch als Unterstützung im Feldzug gegen Rommel (rechts unten) eingesetzt. In der Dunkelheit suchten Jeep-Patrouillen die Tankwagen für das deutsche Panzerkorps auf und vernichteten sie.***

leicht durch seine Größe. Im Kindermund hieß er in Frankreich »le petit chariot«. Oft diente die Haube als Altar beim Feldgottesdienst, für die eher Säkularisierten als Tisch bei der Pokerrunde. Mit der geeigneten Ausrüstung diente er als Kraftquelle für Flutlichter, Kurzwellenempfänger, Radar und sogar für Elektroschweißgeräte. Er konnte als Telefonschalter eingesetzt werden oder als Lieferwagen für die Frontkämpfer. Die Zeitschrift *Popular Mechanics* berichtete im November 1942: »In Australien wurden unsere Soldaten gebeten, ein unterirdisches Kabel auf einem Flugplatz zu verlegen, ohne den Flugbetrieb zu behindern. Mit Schaufel und Hacke hätte die Arbeit Tage gedauert. Der Jeep kam an, bekam einen Pflug und grub mit zehn Meilen pro Stunde den Graben. Hinter ihm kam ein zweiter Jeep mit Kabeltrommel. Der dritte Jeep deckte das Kabel zu und ebnete den Boden. Die Australier standen nur da und guckten zu, als die Arbeit in weniger als zwei Stunden fertig war.«

Mit entsprechendem Radsatz wurde der Jeep gelegentlich an allen Frontabschnitten auf Gleise gestellt. Auf den Philippinen zog der Kleine einen 52-Tonnen Güterzug über 19 Meilen mit einem Durchschnitt von etwa 30 km/h. In Frankreich liefen sie regelmäßig über Eisenbahnschienen und in Österreich wurde der Jeep als Wechsellok eingesetzt. Er konnte problemlos mit Landungsschiffen und in Flugzeugen transportiert werden. Ein Jeep war angeblich das erste Fahrzeug auf dem neu geplanten Weg zwischen Indien und China, der die Ersatzroute für die Burma Road darstellte. Als die Chinesen über die Grenze zogen, standen in Rangoon hunderte von Jeeps, die Generalissimo Chiang Kai-shek hätte haben sollen. Die Behörden lieferten die Jeeps an die Briten und an jeden, der sie nach Norden fahren konnte, nur daß sie nicht in die

*Die Army hatte aber nicht nur den Jeep. Dodge/Plymouth wandelte den Power Wagon für militärische Zwecke (links oben) ab; Dodge baute ebenfalls einen Vierteltonner mit Allrad für die Armee. Er wurde gleichzeitig mit dem Jeep entwickelt, der Antrieb konnte aber zugeschaltet werden, was eine gute Geländetauglichkeit mit gutem Fahrverhalten auf der Straße bei hoher Geschwindigkeit kombinierte.*

*Zwei Hauptakteure, zwei Jeep-Fans aus England und Amerika: Field Marshal Bernard Montgomery und der Viersterne-General Dwight Eisenhower. Montgomery vertrieb die Deutschen aus Nordafrika und führte die Briten durch Italien bis nach Berlin. Franklin D. Roosevelt war (rechts unten) zwischen 1933 und 1945 amerikanischer Präsident. An Kinderlähmung erkrankt, hielt es ihn dennoch nicht hinter seinem Schreibtisch. Im Januar 1943 traf er sich mit anderen Staatsmännern in Casablanca.*

Händen des Feindes gelangten. A. Wade Wells hat diese Episode verbreitet:

»Sie zogen sich durch die kleisterähnlichen Reisfelder. Sie zogen gestrandeten Trucks und Kanonen aus Gräben heraus. Sie transportierten Scharfschützen an ihre Stellungen an der Front und, gepfeffert mit Einschüssen, kamen sie zurück und wollten mehr. Sie führten in Panik geratene Frauen und Kinder in Sicherheit. Kurzum, sie schrieben Geschichte.«

Insgesamt grenzte die Fähigkeit des Jeeps ans Unglaubliche und ein hoher Armeeoffizier meinte, der Jeep könne »alles, außer schwimmen oder eine eingeölte Stange hochklettern«. Der Kriegsberichterstatter Ernie Pyle schrieb: »Er tut alles. Er geht überall hin. Er ist so treu wie ein Hund, so stark wie ein Esel und so agil wie ein Steinbock. Er trägt immer das doppelte Gewicht als vorhergesehen und fährt trotzdem weiter. Und, hat man sich einmal an ihn gewöhnt, ist die Komfort auch nicht schlecht.«

Die Geschichten über alle Großtaten eines Jeeps gehören mittlerweile zur amerikanischen Folklore. Während des Vorstoßes in Belgien 1944 wurde ein Jeep von einem belgischen Soldaten aufgehalten. Die drei Insassen hatten amerikanische Uniformen an, aber der Wachposten befahl ihnen auf deutsch sich zu ergeben. Als er gefragt wurde, wieso er wußte, daß die drei Deutsche waren, hatte er eine Antwort schnell parat: »Weil der Oberst hinten saß und der Adjutant fuhr. Der echte amerikanische Oberst fährt selber, der Adjutant sitzt neben ihm. Außerdem fahren amerikanische Offiziere nie hinten in einem Jeep. Die bekommen davon Hämorrhoiden...«

Eine haarsträubende Geschichte wußte Homer Bogart von der New York *Herald Tribune* zu erzählen. Es passierte während General MacArthurs Offensive

*Es war nur zu erwarten, daß die Deutschen den Jeep zu kopieren versuchten. Am bekanntesten war der VW Kübelwagen (links oben). Dabei handelte es sich im Grunde um einen offenen Volkswagen, er hatte deswegen keinen Allradantrieb und, im Vergleich zum Jeep, einen schwachen Motor. Der deutsche Schwimmwagen war dagegen seiner Aufgabe sehr gut (links Mitte und unten) gewachsen. So hätte die US Army sich ihren Seep (die schwimmtaugliche Version des Jeeps) gewünscht. Der Schwimmwagen beförderte vier Mann und funktionierte hervorragend im Wasser.*

*In Europa diente der Jeep oft als Krankenwagen (oben rechts). Als Aufklärer hatte er oft die Funkzentrale an Bord (rechts). So ausgerüstet konnte er schnell an den Feind herankommen und genauso schnell die entsprechenden Informationen zurückvermitteln. Als Maulesel leistete er ebenso leise und sanftmütig seine Dienste, doch ohne die gleiche Pflege zu verlangen.*

Roetgen
194149-A

auf Manila. Eine Patrouille bestehend aus einem leichten Panzer, sechs Jeeps mit Maschinengewehren und einem Halbkettenfahrzeug fuhr in südlicher Richtung auf der Manila Road. Sie wollten nach Angeles, etwa 80 Kilometer von Manila entfernt. »Ich fuhr in dem Kettenfahrzeug«, berichtete Bogart. »Der Panzer und zwei Jeeps fuhren vor uns, die anderen Jeeps hinter uns. Kurz vor dem Mavalacat Flight Base mit seinen japanischen Flugwracks passierten wir die Frontlinie und bewegten uns in einem Niemandsland von trockenen Reisfeldern und wenigen Grashütten. Corporal Bob Lucked aus St. Louis rief, wir sollten jetzt auf alles schießen, was sich bewegte. Hier gäbe es nur Japaner. Am Rande von Quail zieht die Straße in einer leichten Kurve. Hinter der Kurve sahen wir, wie der Panzer plötzlich bremste. Die Besatzung meldete per Funk, daß vor ihr eine Straßensperre aufgebaut war. Ein untersetzter Second Lieutnant mit hochrotem Gesicht sprang ins Kettenfahrzeug und antwortete im Mikrofon, die Straßensperre wäre gestern nicht da gewesen und man solle bitteschön Jeep Nummer fünf nach vorn schicken. Dann passierte es... Wir sahen wie der Panzer in Qualm aufging und die Verbindung war abgebrochen. Auf einmal wurden wir von allen Himmelsrichtungen angeschossen, mit Kugeln und Granaten. Hinter uns explodierte eine Mörser-Granate. Ein Moment Unentschlossenheit folgte. Der Lieutnant wollte zuerst das Feuer mit eigenen Granaten beantworten. Ralph Nyqvist, der Funker aus Marquette, Michigan, wollte die Besatzung des Panzers in Sicherheit bringen. 'Hölle noch'mal', schrie der Sergeant. 'Schickt den Jeep Nummer 5 hoch, ist denen ihre Arbeit.' Er winkte frenetisch und schickte die drei Männer ohne Panzerunterstützung direkt ins feindliche Feuer.« Unglaublicherweise hatte die Geschichte ein

*Radio, Wochenschauen, Tageszeitungen - und die Werbung - informierten die Amerikaner über den Kriegsverlauf, wobei die Werbung oft die bunteste Quelle darstellte und viel Patriotismus dabei bewies (links oben). Der Zeichner Bill Mauldin brachte in seinem Cartoon die Gefühle zehntausender Soldaten auf den Punkt, als er zeigte, wie ein Fahrer seinem Jeep den Gnadenschuß gibt - wie die Kavalleristen vergangener Kriege (deswegen auch das »Cavalry«-Nummernschild am Jeep). Dieses Motiv wurde weltberühmt und ist auf der ganzen Welt erschienen.*

*Ford nannte seine Jeep-Version GPW. Hier bedeutet die Bezeichnung »G« Government, also Regierung, und das »P« steht für den Radstand von 80 Zoll. »W«, wie immer, stand für Willys. Laut Vorgaben sollten die Jeeps von Willys und Ford identisch sein, was aber nicht hundertprozentig stimmte. Der vordere Querträger war rund beim Willys und eckig beim Ford. Bei der Hülle oberhalb des Armaturenbretts handelt es sich um einen Gewehrhalter. In Reichweite vom Fahrer angebracht, war die Knarre hier relativ geschützt vor Wasser und Dreck.*

U.S. ARM

20580537
CALIFORNIA
HISTORICAL
VEHICLE
4871
C-3

# The Seep

Es war ein bestechendes Konzept: Ein Amphibien-Jeep. Die Army hatte jahrelang mit Ideen für ein solches Fahrzeug herumgespielt. Im Zweiten Weltkrieg wurden dann tatsächlich zwei gebaut, darunter der GP-A - General Purpose-Amphibious.

Er entstand in Zusammenarbeit der Marmon-Herrington Company mit dem Bootsbauer Sparkman & Stevens. Als Basis für den GP-A (Seep genannt, oder seagoing Jeep) diente der Ford GPW, Fords Jeep-Version. In verschiedenen Maßstäben wurden Modell-Prototypen gebaut, und letztendlich auch einer in 1:1. Komischerweise stand für diese Gehversuche kein Jeep zur Verfügung. Alles was die Techniker hatten, waren die technischen Vorgaben, und da war das Gewicht um 30 Prozent abgesenkt worden. Das sollte sich auf das spätere Endprodukt negativ auswirken.

Als der fahrfertige Prototyp seine ersten Fahr- und Schwimmversuche am Huron River in Dearborn durchführen sollte, waren Offiziere der verschiedenen Waffengattungen anwesend. Bis jetzt hatten ja überhaupt keine ausgiebigen Tests stattgefunden, aber das schien nur die wenigsten zu kümmern. Japans Überfall auf Pearl Harbor lag zwei Monate zurück und ein ähnliches Fahrzeug mußte her, egal wie. Ford machte ebenfalls Druck und wollte wissen, ob denn dieses Fahrzeug überhaupt komme, andernfalls würden die dringend benötigten Produktionskapazitäten anderweitig genutzt.

Das Potential schien enorm. *Popular Science* beschrieb die Konstruktion als einen Jeep mit einem Rumpf rundherum. Die Zeitschrift berichtete weiter: »Das Fahrzeug kann von einem Medium ins andere wechseln, wobei nur ein einziger Handgriff des Fahrers notwendig ist, und dazu muß er noch nicht einmal anhalten. Seine Möglichkeiten als Aufklärer sind unbegrenzt. Eine Patrouille kann sich einem Fluß entlang herantasten, dann die Seite schnell wechseln und sogar längere Strecken direkt im Wasser weiterfahren. Der Rückmarsch kann genau so schnell erfolgen wie mit einem normalen Jeep, bis zu 60 Meilen in der Stunde auf guten Straßen. Zwanzig davon können 100 bewaffneten Männer über das Wasser tragen und im Rücken des Feindes absetzen.«

Die Bedienungselemente entsprachen denen des Jeep, ergänzt um zwei weitere Hebel. Der eine schaltete die Schraube ein, der andere bediente die Lenzpumpe.

In einem Vorvertrag vom 11. April 1942 wurden 5000 dieser Amphibienfahrzeuge bestellt, bald aber wurde die Produktion nach nur 12.778 Einheiten gestoppt.

Warum? Was war schief gelaufen? Die Deutschen schafften es schließlich auch mit ihrem Schwimmwagen, obwohl der Kübelwagen ansonsten gegen den Jeep kein Land sah. In einer Broschüre des Army Material Command hieß es 1971:

»Unzureichende Testversuche der Vorserienmodelle, eine ungenügende Kontrolle während der Fertigung, eine nicht vorhandene Weiterentwicklung, die unzureichende Ausbildung des Bedienungs- und Wartungspersonals und vor allem das Fehlen jeglichen Kontakts zwischen Truppe und Hersteller machten das Projekt technisch und taktisch zu einem Mißerfolg.«

Zivilisten sahen aber keine Probleme. Der australische Mechaniker Ben Carlin sah einen dieser Wagen während seiner Dienstzeit in Indien. Nach Bart H. Vanderveens Bericht in *Challenge* hielt er diese Vehikel schon damals wie geschaffen für eine Weltreise.

Nach seinem Ausscheiden fuhr Carlin in die USA und kaufte einen GP-A aus Restbeständen und nannte ihn *Half Safe* - Halbsicher. Nach ausgiebigen Umbauten segelte er mit seiner amerikanischen Frau von Halifax, Nova Scotia, aus im Juli 1950 los. Sie überquerten den Atlantik und gelangten über Madeira nach Cap Juby in der spanischen Sahara. Davon fuhren und segelten sie abwechselnd nach Gibraltar, passierten von dort aus acht europäische Länder und landeten dann in London. Während eines zweijährigen Aufenthalts führte Carlin weitere Umbauten aus, die sein Gefährt für die zweite Etappe seiner Reise - London, Indien, Australien, Japan, San Francisco und New York - fit machen sollten.

In Indien meuterte Elinore, Carlins Ehefrau, und jettete zurück in die USA, wo sie prompt die Scheidung einreichte. Carlin selber flog in seine Heimatstadt Perth in Australien und heuerte einen jungen Bootsmann an. Die Reise ging weiter. Anscheinend war Carlin ein etwas reizbarer Charakter, denn in Kagoshima in Japan, Ende 1956, verschwand auch der neue Bootsmann.

Anfang 1957 ging es mit einem Amerikaner, einem Boye Lafayette DeMente, weiter. Vier Monate später dockte Half Safe in Anchorage in Alaska an, und von da aus flog DeMente nach Hause, auch er vom Temperament seines Skippers nicht sonderlich angetan. Etwas später erfuhr er, daß Carlin New York erreicht hatte.

Carlin tingelte mit seinem amphibischen Fahrzeug dann als Vortragsreisender durch die Welt. Irgendwann kam er nach Perth zurück, wo er bis zu seinem Tod in einem Yachthafen arbeitete.

Zu klein und zu langsam, um als Boot zu dienen und als Jeep zu unhandlich, vereinte anscheinend der GP-A die schlechten Eigenschaften beider Welten. Die Frage ist nur: Wäre er erfolgreich gewesen, hätte seine Entwicklung nicht unter diesem enormen Zeitdruck gestanden? Es darf bezweifelt werden...

***Der GP-A wurde für die Armee von Marmon-Herrington konstruiert. Nach einer ersten Bestellung von 5000 wurden schließlich 12.778 Einheiten gebaut. Leider war das Fahrzeug im Wasser nicht stabil. Wie der Jeep tat der GP-A auch an der Ostfront unter den Russen Dienst. Sie bauten später eine eigene Version auf dem Chassis des GAZ-69, MAV (GAZ-46) genannt.***

"I'll be darned! Here's one wot wuz wrecked in combat."

Happy-End. Unter dem Feuerschutz der Jeeps konnte das Halbkettenfahrzeug die Besatzung des Panzers bergen.

Sicher hatte der Jeep seine Mängel. Die Handbremse war zum Beispiel mehr oder weniger nutzlos. Egal was Bernie Pyle behauptete: der Komfort war auf längeren Strecken miserabel. Es gab nur zwei Sitzpositionen, entweder ganz kerzengerade, wie am Spieß, oder zusammengesunken mit einer in der Mitte gefalteten Wirbelsäule. Beides führten mit der Zeit zu Hämorrhoiden, was die Ärzte gelegentlich als Jeep-Krankheit bezeichneten.

Im Hinblick auf Leistung und Lenkbarkeit war die Versuchung immer groß, den Jeep über seine Grenzen zu fahren. Unfälle kamen oft vor. Der Zeichner Bill Mauldin zeigt seine Figuren Willie und Joe, die bei der Suche auf einem Schrottplatz sogar einen Jeep finden, der im Einsatz verschrottet worden ist. Erfahrene Soldaten wußten die Zähigkeit zu schätzen: »Ein Esel kann sich weigern weiterzugehen, wenn er denkt, daß sein Führer die falsche Entscheidung getroffen hat. Der Jeep versucht es jedes Mal.«

Der Erfolg führte zu Nachfahmern. In Deutschland spielte der Kübelwagen eine ähnliche Rolle, hatte aber keinen Allradantrieb und der Motor lieferte nur einen Bruchteil der Leistung des Go-Devil-Motors.

Im Nachhinein erscheinen einige Großtaten dieser Zeit ziemlich tollkühn. Darunter finden wir die Blitzaktionen des britischen Majors David Sterling in Nordafrika. Bei einem Überfall auf einen deutschen Flugstützpunkt fuhr er mit 18 Jeeps durch die Wüste und erreichte die Rollbahn. In dichter Formation fegten sie dann wild schießend auf den Stützpunkt zu. Die Überraschung war perfekt. In nur wenigen Sekunden waren die Jeeps wieder verschwunden, wie weggeblasen in der Wüste. Hinter sich ließen sie 25 zerstör-

*Als das Kriegsende sich abzuzeichnen begann, versuchte Willys, zum Synonym für den Namen Jeep zu werden (oben links). Abbildungen der Vorkriegs-Americar verschwanden, Thema war der Jeep. Schon vor Kriegsende verkaufte Willys mit dem CJ-2A den ersten zivilen Jeep.*
*In diesem Cartoon von Bill Mauldin (unten links) finden Willie und Joe (sie stehen für den einfachen amerikanischen Landser) einen Jeep, der tatsächlich im aktiven Kriegseinsatz abgeschossen ist. Oft wurde dem Jeep Unmögliches abverlangt, und dann konnte es schon sein, daß er die Räder streckte.*

*Einige Jeeps dienten als Lokomotive und zogen, mit entsprechenden Radsätzen bestückt, bis zu 10.000 Kilo. Auf diesem Foto, entstanden auf einem österreichischen Luftwaffendepot, sitzt Brigadier General C.W. Connell selbst am Steuer.*
*Zur Truppenbetreuung in Übersee inszenierte die Army gelegentlich Hollywood-reife Shows mit entsprechender Prominenz, hier Bing Crosby (ganz rechts oben), selbstverständlich in einem Jeep. In den harten europäischen Wintern (rechts unten) ging es oft nur mit Schneeketten voran. Manchmal standen die Konvois meilenweit, wenn etwa ein Lkw sich irgendwo im Schnee festgefahren hatte.*

CAUTION HANDLE WITH CARE
191521

*"Run it up th' mountain agin, Joe. It ain't hot enough."*

*"Why ya lookin' so sad? I got out of it okay."*

te Flugzeuge und weitere zwölf mit erheblichen Schäden. In Nordafrika war General (später Feldmarschall) Bernard Montgomery der Gegenspieler von Generalfeldmarschall Erwin Rommel. »Monty« setzte den Jeep gezielt ein. Einmal verwendete er nur Jeeps für einen Angriff auf deutsche Panzer. Die kleinen Fahrzeugen fuhren in einem großen Bogen und hinter den deutschen Linien. Sie bewegten sich nur in der Nacht und standen tagsüber still. Zum Schluß fanden sie einen Platz, wo ein Überfall möglich schien. Ihr Ziel waren die Tankwagen, die Kraftstoff für Rommels Truppen lieferten.

Sie warteten, bis der Konvoi einen bestimmten Punkt erreicht hatte, dann machten sie sich auf den Weg und fuhren der Kolonne entgegen. Bei hoher Geschwindigkeit fuhren sie links und rechts den ganzen Konvoi entlang, und als sie vorbei waren, blieb nur ein brennendes Inferno. Dann waren die Jeeps in der Dunkelheit schon verschwunden. Am folgenden Morgen trafen die Panzer zum Tanken ein. Als sie die Lage erfaßten, hatten sie nicht einmal Kraftstoff genug, um ihre Positionen wieder einnehmen zu können, geschweige denn die Briten einzuholen.

Es waren solche Aktionen gegen Flugplätze und Tanklieferungen, die die Alliierten die Schlacht von El Alamein gewinnen ließen, ein Wendepunkt im nordafrikanischen Krieg. Zwei Wochen nach seinem Sieg wurde Montgomery vom englischen König George VI zum Ritter geschlagen.

Der Jeep hatte seine Rolle erfüllt. Klein, untersetzt, so häßlich, daß er fast schon wieder putzig war: Ernie Pyle charakterisierte ihn als »ein himmliches Instrument der mobilen Kriegführung«. Als Lieutnant Colonel Manuel Conley den Jeep eine der größten Legenden des 2. Weltkriegs nannte, wußte keiner, daß die Geschichte noch nicht zu Ende war.

***Am Kriegsende war der Jeep eher ein Kriegskamerad als ein Instrument. Bill Mauldins Cartoons wurden zuerst in den Stars and Stripes abgedruckt, der Army-Zeitschrift, sie verliehen diesem Gefühl Ausdruck. Bild links oben: »Jag' ihn noch einmal den Berg hoch, Joe. Das Wasser scheint noch nicht heiß genug zu sein.« Darunter: »Was guckst Du denn so traurig? Mir ist doch nichts passiert.« Wie sehr der Jeep schon ins Gedächtnis der Öffentlichkeit gedrungen war, zeigte die Aktion der Stockton High School, die Geld für den Ankauf von 275 Jeeps sammelte. Am Armaturenbrett saß eine Plakette, die den Fahrer aufforderte, später vom Schicksal seines Schul-Jeeps zu erzählen. Einer dieser Jeeps fand später den Weg nach Stockton zurück und ist heute dort ausgestellt.***

***Viele MB-Versionen waren mit MG-Lafetten Kaliber .30 bestückt. Gebaut wurden die MB bei Willys-Overland in Toledo, Ohio. Der Vierzylindermotor (ganz rechts oben) war seitengesteuert und leistete 61 PS. Der Motor stammte aus den Willys-Personenwagen der Vorkriegszeit und diente noch viele Jahre später. Sogar die kleine Firma Crosley versuchte das Jeep-Konzept aufzugreifen (ganz rechts unten). Die Armee war an dem Mini-Jeep nicht interessiert, aber eine zweite Version erschien 1950 als Crosley FarmORoad.***

3
2
1945
WILLYS MB

CAUTION

756.RSB

KAPITEL 4

# Willys in der Nachkriegszeit: 1945 - 1952

Schon vor dem japanischen Überfall auf Pearl Harbor und dem anschließenden Kriegseintritt der USA hatte der Jeep sich auf anderen Kriegsschauplätzen einen guten Ruf erworben und war damals schon eine Legende. Der gerissene Ward Canaday, Vorstand und größter Aktienbesitzer von Willys-Overland, hatte das schon bemerkt. Das dynamische Image, das Willys mit dem Americar gesucht hatte, wurde ihnen jetzt praktisch auf einem goldenen Teller serviert.

Canaday fing bewußt an, sich den Jeep in der Friedenszeit vorzustellen und der Öffentlichkeit seine Vision mitzuteilen. Er engagierte einen bekannten Künstler, I.B. Hazleton, und ließ ihn eine 24teilige Skizzenserie zeichnen, die den Jeep in verschiedenen Situationen zeigten. In vielen dieser Bilder sieht man den Jeep im direkten Kriegseinsatz, in anderen beim Einsatz in der Landwirtschaft, als Schneepflug oder als Feuerwehrwagen. Die Illustrationen wurden so bekannt, daß *Life* einige für einen redaktionellen Bericht verwendete.

In der Werbung wurde der Americar auch als »Jeep in Zivil« vorgestellt. Damit bekam Willys Ärger, da das einzige, was die zwei Modelle gemeinsam hatten, der Motor war. Willys mußte schließlich die Anzeige zurückziehen, aber der Werbeeffekt war schon da. Willys war zwar nicht der einzige Hersteller des Jeep, aber das amerikanische Bewußtsein stufte die Marke schon als die Jeep-Firma ein. Aber für die beste und meiste Werbung sorgten nicht die eigenen Bemühungen, sondern die Kriegsnachrichten. Eine bewegende Geschichte aus dem Kriegsalltag schilderte amerikanische GIs, die mit ihrem Jeep einem englischen Bauern beim Pflügen und Eggen halfen. Eine andere Geschichte schilderte den Jeep beim Verlegen unterirdischer Kabelverbindungen zwischen fern auseinander liegenden Flugplätzen in Australien. Die offensichtliche Nützlichkeit des Jeeps im zivilen Leben mußte nicht redaktionell extra betont werden.

Im Dezember 1943 wurde George W. Ritter, Vizepräsident und Berater von Willys-Overland, vom Kongreßabgeordneten Carter Manasco aus Alabama über eventuelle zivile Einsatzbereiche des kleinen Vierteltonners befragt. Ritter horchte sofort auf. (Man hätte wohl eher aus Willys Heimatstaat Ohio eine solche Frage erwartet, aber Manasco war Vorsitzender des Komitees für Friedensplanung.)

In einer detallierten und ausführlichen Antwort erklärte Ritter, daß der Jeep für solche Zwecke schon einige tiefgreifenden Änderungen erfahren müsse. Er schlug unter anderem vor:

- Einbau einer Zapfwelle für den Antrieb von Geräten. So ausgestattet könne der Jeep als Stationärantrieb dienen.
- Geänderte Übersetzungen für Getriebe und Verteilergetriebe für besseres Ziehvermögen bei schwerer Belastung aus niedriger Geschwin-

*Viele fragten sich, was die Army wohl mit den Tausenden von Jeeps nach Kriegsende machen würde. Willys stand dabei vor einer noch größeren Frage: Was wollte man in Friedenszeiten überhaupt tun? Designer Brooks Stevens schickte eine Studie, genannt Victory Car, in Umlauf, Fahrwerk und Chassis basierten auf dem Kriegs-Jeep (rechts oben). Vorstand Ward Canaday sah aber die Willys-Zukunft eher auf dem Geländewagensektor. Seiner Meinung nach sollte man deswegen die an sich geringen Kapazität darauf konzentrieren, dort neue Felder zu suchen und sich nicht mit einem unerprobten Kleinwagen herumschlagen und sich in einen Markt wagen, den man nicht kenne. Hier die Willys-Modellpalette von 1948, darunter der erste amerikanische Wagen mit selbsttragender Karosserie, ein Pickup, ein Lieferwagen und der verspielte Jeepster (rechts unten).*

THE VICTORY CAR
A DESIGN FOR
AN ALL-WHEEL
DRIVE CIVILIAN
'JEEP'
APRIL, 1942

digkeit aber auch für höhere Schnittgeschwindigkeit, bis zu 100 km/h.

- Verbesserte Kühlung für den Dauerbetrieb bei Schrittempo.
- Größere Kupplung für die extra Belastung beim Anfahren mit schwerer Beladung, aber auch für andere Ansprüche.

Ritter stellte auch fest, daß ein Händlernetz von Nöten wäre, solle der Jeep sich auf dem zivilen Markt nützlich machen. Diese Bemerkung deutet darauf hin, daß Willys Vorkriegshändler schlecht ausgestattet und nur bedingt vorhanden waren. Das müsse sich ändern.

Inzwischen hatte *Popular Science* im August-Heft 1943 ein Wettbewerb ausgeschrieben: »Geldpreise für die besten Friedensaufgaben des Jeeps«. Die Preise waren nichts besonders, nicht einmal für damalige Verhältnisse: Erster Preis 100 Dollar, zweiter 50, dritter 25 und dann fünf weitere zu fünf Dollar das Stück. Trotzdem strömten fast 1200 Vorschläge ein. »Die Ideen waren ebenso so einfallsreich wie vielfältig«, verkündete die Redaktion, so »daß Popular Science beschloß, die acht Sieger auf 11 aufzustufen und weitere 11 Ehrenpreise zu vergeben.«

Die Redaktion stellte anschließend fest, »die Belohnung für die ganzen Kriegsjahre wäre für den Jeep, ein Leben lang auf der Farm weiter arbeiten zu dürfen«. Mehr als ein Drittel der Vorschläge, auch der des Siegers, sah einen Einsatz in der Landwirtschaft vor, »mit Aufgaben, die bis jetzt von Mensch, Tier oder Maschinen ausgeführt worden waren«. Gewinner war ein gewisser R.W. Radelet aus Vancouver in British Columbia, der auch ausführliche Zeichnungen von Jeeps in verschiedenen landwirtschaftlichen Bereichen eingeschickt hatte. Er zeichnete auch den Jeep als stationäre Antriebsquelle, als Kleintransportwagen, als Personenkraftwagen, aber auch als Plattform für die Besprühung von Bäumen.

Staatliche Dienststellen für die Landwirtschaft und auch Schulen und Universitäten zeigten großes Interesse an dem kleinen Auto. Die Washington State University veröffentlichte sogar einen Prospekt, wo auf 20 Seiten mögliche Einsätze in der Landwirtschaft beschrieben wurden. Praktische Versuche erfolgten im Forstbetrieb, in Landwirtschaft, Industrie und im staatlichen Bereich. Wieder war das eine kostenlose Werbung für die Nachkriegsproduktion von Willys-Overland.

Dem Tod Hitlers am 30. April 1945 folgte die deutsche Kapitulation am 7. Mai. Jetzt konnten die Alliierten ihre Kräfte ganz auf Japan konzentrieren und das Kriegsende war abzusehen.

Am 31. Juli lief der Vertrag mit Ford aus, Willys war jetzt Alleinbesitzer des Jeeps. Schon 13 Tage vorher hatte die Firma die Zivilversion, den CJ-2A, angekündigt. Am gleichen Tag fand eine Präsentation für die Presse statt. Charles Sorensen, jetzt Vizevorstand bei Willys-Overland, spielte Gastgeber auf seiner Forschungsfarm in New Hudson, Michigan.

Der CJ-2A unterschied sich auch optisch von der Militärversion MB, die Scheinwerfer hatten jetzt sieben Zoll Durchmesser statt sechs. Hinten vereinfachte eine Ladeklappe das Beladen und das Reserverad landete auf der rechten Seite. Automatische Scheibenwischer ersetzen das manuelle Gerät auf der Beifahrerseite. Das Auto hatte sogar einen von außen erreichbaren Tankeinfüllstutzen. Die Militärausführung hatte (wie der Ford T) den Tank unter dem Sitz, beim Tanken mußte der Fahrer seinen Platz verlassen. Nicht sichtbar waren die Modifikationen, die Ritter dem Manasco-Komitee 1943 vorgeschlagen hatte. Die Übersetzung war geändert worden, im unteren wie auch

***Die ersten Studien zum Jeepster und dem Lieferwagen hatten viel mit dem Kriegs-Jeep gemeinsam (oben links und rechts). Auffallend war der Grill, aber es gab auch praktische Gründe dafür. Willys war sich nicht sicher, daß die Zulieferer exakt passende, runde Blechteile produzieren konnten und entschied sich deswegen für eine Form, die leicht auszustanzen war. In den Nachkriegsjahren zeichnete Brooks Stevens fast alle Designs verantwortlich. Seine erste Kreation war ein Wagen mit selbsttragender Karosserie, ab 1946 erhältlich (rechts Mitte). Die Karosserieteile waren so einfach, daß sogar ein Kühlschrankhersteller sie hätte erstellen können. Die zweifarbige Lackierung erweckte den Eindruck von Holzseitenteilen, allerdings war dieser Jeep alles andere als ein Woodie.***

im oberen Bereich. Die Brennräume hatte man für besseren Durchzug überarbeitet und die Verkleidung des Kühlers erhöhte die Kapazität vor allem bei Schrittgeschwindigkeit. Der Rahmen war weitgehend verstärkt, wie auch die Kupplung und schließlich bekam der Motor einen kräftigeren Generator.

Für den Komfort war auch gesorgt, etwas das Ritter nicht erwähnt hatte: Die Federn waren weicher abgestimmt und die Dämpfer effektiver. Zusammen mit komfortableren Sitzen gaben die Modifikationen zwar nicht den gleichen Komfort wie in einem Pkw, waren aber ein großer Fortschritt der Militärausführung gegenüber.

Die Zivilausführung hatte nicht viel Ausstattung, aber eine Reihe interessanter Zubehörteile standen zu günstigen Preisen (in Dollar) bereit:

Zugdeichsel .............6.91
Anhängerkupplung .....4.01
Zapfwelle hinten ......90.67
Zapfwelle vorn .........24.44
Antriebswelle ..........56.28
Schutz Kühler ...........4.11
Temporegler ...........27.21
Verdeck vorn ...........51.05
Verdeck hinten.........28.44
Rechter Vordersitz.....10.51
Doppelsitz hinten......12.96
Heizung ................17.41
Reserverad/Reifen ....13.76

Die teuerste Option stellte ein hydraulischer Wagenheber für 225 Dollar dar. Für die Landwirtschaft war der Drehzahlregler besonders wichtig. Vom Armaturenbrett aus konnte die Motordrehzahl zwischen 1000 und 2600 Umdrehungen in Stufen von 200 Touren reguliert werden.

All diese Modifikationen und Zubehörteile ermöglichten dem Jeep eine Karriere im zivilen Leben. *Popular Science* meinte, eine Zugkraft von 1200 Pfund - 544 Kilo - wäre möglich unter Berücksichtigung der Steigungen und

***Schon vor Kriegsende stellte Willys die zivile Version des CJ-2A vor. Die Werbung versuchte, die praktischen Seiten ihres Produkts in den Vordergrund zu rücken. Übertriebene Kriegsgeschichten hatten rund um den Jeep (der jetzt Universal hieß), eine beinahe mystische Aura aufgebaut und Willys hoffte, diese auf die Zivilproduktion übertragen zu können.***

***Der Jeep Station Wagon wurde 1948 in wesentlich veränderter Form vorgestellt. Die größte Neuigkeit bestand im Allradantrieb (rechts). Barney Roos kraftvoller Motor war nach wie vor im Einsatz. Die Innenausstattung war streng funktional; alle Sitze, außer dem des Fahrers, konnten ausgebaut werden. So entstand eine beachtliche Ladefläche (rechts unten). Von außen blieb alles gleich, lediglich der Station Sedan rollte nun einfarbig mit Dekorleiste vor.***

822 JLJ

wechselnden Bodenverhältnisse. »Auf der Landstraße zieht der Jeep 2,5 Tonnen und hat noch Reserve für Steigungen.«

Der seitengesteuerte Go-Devil von Barney Roos diente noch immer als Antriebsquelle. Der Radstand betrug 255 Zentimeter und der CJ-2A war genauso wartungsfreundlich wie der MB. Für jene Käufer, die glücklich genug waren, schon 1945 einen kaufen zu können, war er auch mit 1090 Dollar plus 46.53 Dollar Steuer recht preisgünstig.

Auch die zivile Ausführung war ein Erfolg. A. Wade Wells schrieb, der Jeep sei das erste Fahrzeug, das »die Eigenschaften von Traktoren, Klein-Lkws, Pkws und stationären Motoren vereinte«. Er fügte hinzu: »Der neue Jeep kann nicht nur allerlei Landwirtschaftsmaschinen ersetzen, sondern auch mehrere Aufgaben, bis jetzt von stationären Motoren ausgeführt, übernehmen. Als Gebrauchswagen donnerte er Hügel hoch, Gewässer durch, über Felder und Wiesen genau so mühelos wie sein Vetter von der Army. Er pflügte, transportierte Getreide, füllte die Silos auf, drosch Weizen, zog eine Egge und machte überhaupt alles, was Mobilität oder Kraft verlangte. Es war kein Prototyp, das uns da in New Hudson vorgeführt wurde«, schrieb Wells. »Die Exemplare waren serienreif, durch genaue Studien und nach ausgiebigen Versuchen entstanden.

In Florida liefen Prototypen in Obstplantagen, wo sie zwischen dicht stehenden Bäumen mit tief hängenden Ästen fuhren, wo ein Lkw nicht durchpaßte. In Arkansas arbeitete der Jeep in den Reisfeldern und durchquerte mühelos die Bewässerungskanäle. In Washington und Oregon fanden die Förster das Auto nahezu perfekt für sonst nicht erreichbares Gelände und transportierten Personal, Werkzeuge und Vorräte. Auf einer Farm in New York konnte der Jeep die steilsten Hügel pflügen. Der Allradantrieb gab die nötige Traktion.«

Auf der Doughoregan Manor Farm in Maryland, beliebtes Testgelände für die Werksversuche, beobachtete Wells einen Jeep, der eine dreifache federgespannte Egge zog. Normal wäre ein kräftiges Gespann mit zwei Zugpferden nötig gewesen. Der Jeep schaffte die Arbeit mühelos, bei 6,5 km/h, zehn Stunden am Tag, ohne zu überhitzen. Der Farmer fand sogar heraus, daß der Jeep einen dem Traktor gegenüber besseren Durchzug bei niedrigen Drehzahlen aufwies, besonders beim Antrieb von langsamen Maschinen wie Wasserpumpen.

Der Drehzahlregler gehörte zu den sinnvollsten Zubehörteilen. Bei plötzlichen Änderungen der Belastung verhinderte der Regler unkontrollierbare Drehzahlsteigerungen.

Aber die Arbeit auf der Farm gehörte nur zu einem der neuen Aufgabenbereiche. Mit mehreren aneinander gekoppelten Rasenmähern konnte der Jeep schnell den Golfplatz mähen, zeit- und personalsparend. Auf den Flughäfen schleppte er, genau wie sein Kollege im Krieg, Flugzeuge und konnte auch schnell andere Aufgaben erledigen. Eine Winsch erhöhte den Einsatzbereich.

Im November 1945 lieferte Steyr-Puch umgerüstete Army-Jeeps für den Wintergebrauch. Es handelte sich um umgebaute Armee-Fahrzeuge, die einfach mit einem Coupéaufsatz ausgestattet worden waren . Die Produktion kletterte auf 25 pro Tag. Inzwischen beschäftigte Willys sich mit jener Sache, die *Motor Trend* als PR-Coup des Jahrzehntes bezeichnete, »vielleicht des Jahrhunderts«, als man Jeep als Warenmarke registrierte.

Der CJ-2A blieb bis 1949 in Produktion. Damals betrug der Preis schon 1270 Dollar, etwa soviel wie ein Chevro-

# Ein Americar für die Friedenszeit?

1946 erschien in Fachzeitschriften mehrere Anzeigen, die für Aufregung sorgen sollten. In einigen davon tauchte das Foto eines Willys Prototyp auf. *Fortune* wußte es angeblich ganz genau und nannte als Einführungsdatum 1947.

Dieser Erlkönig wäre, dank Barney Roos, ein sehr interessantes Auto gewesen. Die Optik ließ vielleicht etwas zu wünschen übrig und Kritiker meinte, er sähe zu konservativ aus, ein Grund für Willys, sich Verbesserungsmöglichkeiten auszudenken. Präsident Jim Mooney, kürzlich noch bei General Motors, verteidigte das Aussehen in einem Statement, das er nie bei GM hätte abgeben können: »Wir vollbringen kein Wunder und keine Tricks«, meldete er mit seiner schüchternen, sanften Stimme. »Er soll Stil haben, aber ohne zu übertreiben. Wir halten Autos für teure Gegenstände, zu teuer, um der Mode immer wieder hinterherzurennen... Die Durchschnittsfamilie kann es bald nicht mehr ertragen, versuchen wir ständig, ihre Familienautos alt zu machen.«

Die Dimensionen des neuen Wagens waren normal. Der Radstand war der gleiche wie beim Vorkriegs-Americar, 104 Zoll oder 264 Zentimeter. Die Spurweite war mit dem des Americar ebenfalls identisch, der Motor war aber ganz neu: Es war der erste Sechszylinder von Willys-Overland seit 1932. Mit 2,4 Liter Hubraum war es auch der kleinste Sechszylinder auf dem amerikanischen Markt. Mit 72 PS wog er nur zwei Kilo mehr als der alte Willys Vierzylinder mit 63 PS.

Im Vordergrund der neuen Konstruktion stand der Komfort. Mit der damaligen Technik war das auf dem kurzen Radstand und mit den geringen Dimensionen kaum möglich gewesen. Roos brach mit der Tradition und spendierte dem Kleinwagen eine Einzelradaufhängung für alle vier Räder, ein Konzept, das seiner Zeit mindestens eine Generation voraus war. Vorn verwendete er die gleiche Auslegung, die er bei seiner Planar-Aufhängung (entstanden für Studebaker in den 30ern) konstruiert hatte. Eine Pendelachse nach deutschem Rezept arbeitete hinten.

Bei den Sitzen dachte Roos an sesselhohe Rücklehnen (drei vorn, zwei hinten) mit sehr viel Beinraum. Der Boden war nach dem Stil des »Stepdown« Hudson von 1948 sehr tief, was viel Kopfraum erlaubte.

Ein Zweitürer war geplant, wahrscheinlich weil der kurze Radstand keine vier Türen ermöglicht hätte. Die Türen gerieten dafür aber recht breit und der klappbare rechte Vordersitz erleichterte das Ein- und Aussteigen. Wahrscheinlich haben auch die geringeren Werkzeugkosten eine Rolle gespielt; aus der gleichen zweitürigen Form hätte Willys auch ein Coupé und ein Cabrio bauen können.

Dieses Kleinauto wurde jedoch nie realisiert. Womöglich hatte Willys Schwierigkeiten in der damaligen Liefersituation, einen Karosseriehersteller zu finden - das war auf jeden Fall Brooks Stevens Erklärung. Eine andere Erklärung wäre die, daß das kleine Werk alle Hände voll zu tun hatte mit der Herstellung der Jeep-Familie, oder es lag am Stahlmangel. Gebaut wurde er nicht, aber Anfang der 50er Jahre stellte Willys den schönen Aero-Willys vor.

***Während des Krieges plädierte Willys Präsident Jim Mooney für einen Personenwagen, der dem Vorkriegs-Americar ähnlich sein sollte. Brooks Stevens zeichnete ein schönes Modell mit konservativer Linienführung (ganz oben). Ein 2,4 Liter-Sechszylinder (der kleinste Sechszylinder im Programm) sollte für den entsprechenden Vortrieb sorgen, die vier Räder waren einzeln aufgehängt, was im Innenraum für ein vergleichsweise üppiges Platzangebot sorgte. Beachtlich auch die Kopffreiheit, trotz des niedrigen Profils. Die Instrumente befanden sich noch in der Mitte des chrombeladenen Armaturenbretts.***

let Halbtonner Klein-Lkw. Früh im gleichen Jahr kam die zweite Nachkriegsversion des Jeeps, der CJ-3A. Er war optisch nahezu identisch und anfangs auch zum kleinen Preis angeboten, aber leicht zu identifizieren durch nicht mehr geteilte Windschutzscheibe. Wichtiger waren aber die verstärkten Gehäuse für Getriebe und Motorblock. Der Beifahrer vorn bekam etwas mehr Beinraum, zu Lasten der Passagiere im Fond. Die Gesamthöhe wuchs um ein paar Zentimeter von 163 auf 169 Zentimeter (bei hochgeklappter Windschutzscheibe).

1949 ging der Verkauf etwas zurück, und wieder - wie vor dem Krieg - verbuchte Willys Verluste, genauer gesagt 900.000 Dollar zwischen Oktober 1949 und März 1950. Der Grund lag an verringerten Umsatz in der Landwirtschaft, da der Verkauf von Pickups und Trucks gleichzeitig zurückging, aber der Absatz des Station Wagon steigerte sich.

Zu dieser Zeit zeigte sich auch das Alter der Army-Jeeps und Willys-Overland wurde gedrängt, eine Neukonstruktion aufzulegen. Als Nachfolger der Kriegs-MB folgte so der MC, eigentlich eine Militärausführung des zivilen CJ-3A. In der Armee wurde er als M38 bezeichnet. Karosserie und Fahrgestell waren schwerer und ein wassergeschütztes 24-Volt-System ersetzte das zivile 6-Volt-System. Ein Sammler für die Belüftung von Motor, Getriebe, Verteilergetriebe und Benzintank und Luftfilter ließ den Wagen auch ganz unter Wasser laufen.

Mehr als 60.000 MC wurden für die Armee zwischen 1949 und 1952 gebaut. Während dieser Zeit - am 25. Juni 1950 - überfiel das kommunistische Nord-Korea die südliche Landeshälfte, wahrscheinlich in dem Glauben, daß weder die USA noch die restliche Welt Interesse an dieser Halbinsel hatten. Die Reaktion der amerikanischen Bevölkerung war aber gewaltig. Präsident Truman setzte General Douglas Mac Arthurs Eighth Army, damals als Besatzungstruppe in Japan stationiert, in Richtung Pusan, dem Hafen an der Südspitze, in Marsch. Die Aktion wurde vom Sicherheitsausschuß der Vereinigten Nationen sanktioniert, und schon wieder waren die USA im Krieg. Und der Jeep mitten im dicksten Getümmel.

Fernsehzuschauer finden noch heute Spaß an der TV-Serie MASH, wo in fast jeder Folge der kleine Vierteltonner eine tragende Rolle spielt. Die Rolle, die der Jeep in Korea spielte, unterschied sich allerdings von der im Zweiten Weltkrieg, das bergige Terrain in Korea war nicht gerade ideal für den Jeep. Stattdessen fanden sich neue Einsatzaufgaben im taktischen Bereich. Im Oktober 1950 führte der Jeep die Evakuierung der nördlichen Gebiete an, als die Chinesische Armee einrückte. Als die Kämpfe sich rund um den 38. Breitengrad (die politische Teilung zwischen Nord und Süd) konzentrierten, bekam der Jeep alle mögliche Kampf- und Unterstützungsaufgaben zugewiesen.

Einige wurden mit leistungsfähigen Funkanlagen ausgestattet und dirigierten in vorderster Frontlinie die Lufteinsätze vom Boden aus. Mit dem ständig

*Da das Design des Station Wagon eher bieder war, konzentrierte sich die Werbung darauf, seine Nützlichkeit herauszustreichen (links). Der Allradantrieb war 1948 ein Verkaufsargument.*

*Der CJ-2A fand viele Einsatzbereiche im zivilen Leben. Als Feuerwehrwagen (rechts) war er besonders populär. Der Allradwagen war ideal für ländliche Gegenden und konnte Plätze erreichen, wo die üblichen Einsatzwagen nicht hinlangten. Eine extra Zapfwelle an der Front trieb eine Pumpe. Der Anhänger beförderte entweder Wasser oder zusätzliche Schläuche und die Kombination war auf diese Art unabhängig.*

UNIT 17-4
S.F.D.

UNIT 17-4

# Brooks Stevens über den Station Sedan

Heute ist Brooks Stevens für den aufregenden Excalibur bekannt, doch eine seiner pfiffigsten Konstruktionen ist der Jeep Station Wagon, den er als erstes Nachkriegsprodukt für Willys zeichnete. Egal was Plymouth auch behaupten mag, Willys baute den ersten amerikanischen Wagen mit selbsttragender Karosserie.

Viele Jahre später konnte Arch Brown, der Autor dieses Buches, ein Interview mit Brooks Stevens durchführen und wollte zunächst wissen, wer die Idee zu dem Station Wagon gehabt hatte.

**Stevens**: Es war ganz meine allein Idee. Sorensen kam damals gerade von Ford, Barney Roos war Vizepräsident und Chef der Konstruktion. Meine Firma war schon seit 1942 als Berater für die Nachkriegsproduktion mit Willys im Gespräch. Wir hatten schon vor Sorensens Zeit mehrere Tonmodelle in voller Größe fertig.

Als Sorensen zu Willys kam, rief mich Barney Roos in Milwaukee an und bat mich nach Toledo zu kommen. »Morgen ist alles vorbei. Sorensen wird Präsident und er bringt wahrscheinlich seinen ganzen Stab von Ford mit, und dann sind wir weg.«

Ich ging zur Entwicklungsabteilung, einen Tag nach meiner Ankunft, und blieb dort bis zum nächsten Morgen oder später. Schließlich ging die Tür auf und Sorensen kam rein. Er sah gut aus. Wenn ich mir das jetzt überlege, kann er ja damals nicht alt gewesen sein.

**Brown**: In welchem Jahr war das?

**Stevens**: 1944. Er hatte graue Haare, sah gut aus. Kam ursprünglich aus Milwaukee. Er wurde später einer meiner engsten Freunde.

Er kam rein mit Barney und einer ganzen Gruppe hinter sich und ich fing an, über den 6/66 zu erzählen, unseren geplanten Personenwagen. Er meinte aber: »Keine Sorge. Übrigens, kannst du über Nacht bleiben?« Ich konnte und ging am nächsten Tag zu ihm ins Büro mit dem Gedanken das war's, er wollte es mir nur schonend beibringen. Stattdessen bot er mir einen Stuhl an und wollte reden. Und dann sagte er: »Ich möchte dir erzählen, was das größte Problem hier im Haus ist. Sie bezahlen dir nicht genug! Ab jetzt ist dein Gehalt verdoppelt.« Sie haben mich später wieder aufgeweckt.

Wir gingen zu der Konstruktionsabteilung, wo Sorensen eine Rede hielt: »Wir müssen uns Gedanken darüber machen, daß Willys einziges Image mit dem Jeep zu tun hat. Das weiß die ganze Welt und da kommen wir nicht daran vorbei. Man darf das nicht ignorieren und den 6/66 vorstellen. Er würde nämlich mit nichts konkurrieren.«

Sorensen fragte, ob ich ein paar Tage bleiben könnte. Ich sagte, ich würde bis im Frühjahr bleiben wenn es nötig sei. Ich setzte mich hin und nahm die Jeep-Front. Sorensen sagte, wir müßten die Blechteile der Front beibehalten und sehen, ob wir damit etwas anfangen könnten.

**Brown**: Damit er wie ein Jeep aussah? Oder aus Kostengründen?

**Stevens**: Beides eigentlich. Finanzen und Zugehörigkeit. Die Leute meinten damals, Station Wagons würden aus umgebauten Jeeps hergestellt, die zurück aus Europa kamen oder so. Ein absurder Gedanke. Der Wagen hatte ja ein ganz anderes Fahrgestell und keinen Allradantrieb und so.

Ich ging also an die Arbeit und machte meine eigenen Skizzen, was mir peinlich war. Machte ich sonst nie, aber da war es notwendig. Der Station Wagon war mein erster Vorschlag. Sorensen sagte, er konnte keinen für die Karosseriefertigung finden.

Murray Briggs sagte, sie wollten ihn nicht, da Willys nicht sonderlich hoch im Kurs stand. Eine Zukunft sahen sie nicht für uns und wollten lieber die Aufträge von GM und Chrysler und den anderen. Er sagte: »Ich muß einen in Connersville oder so finden, der Blech pressen kann, aber größere Biegungen als sechs Zoll kann ich dir nicht geben«.

Mit dieser Begrenzung schuf ich das flache Design mit den kleinen Winkeln und Vertiefungen, die wiederum den Holzpanelen ähnelten. Diese Vertiefungen versteiften natürlich die Karosserie, das war ja ihre Aufgabe. Die Karosserie lief hinten über die ganze Breite, hatte also keine extra Schutzbleche. Aus finanziellen Gründen machten wir aus ihm einen Zweisitzer, aber auch wegen der Sicherheit.

Der Lack simulierte Holz, Birke und Mahagonie, Braun und Sahnecreme. So war's. Auf den Skizzen ließ ich auch die Oberseiten verschwinden und die B- und C-Säulen. Und dort schoben wir die Glasscheiben rein. Wir ließen die Fenster zu und hatten einen Lieferwagen. Wir schnitten das Dach ganz ab

und hatten einen Pickup, vielleicht mit einem Kasten obendrauf.

**Brown**: Was vielleicht den geringen Verkauf erklärt.

**Stevens**: Das ist richtig. Viele wurden nicht verkauft. Wir bauten ihn etwa drei Jahre, glaube ich. Heute sind sie aber Klassiker. Ein restauriertes Exemplar ist richtig Geld wert. Ich habe den ersten aus der Originalpresse im Museum.

Dann ging ich nach Brasilien und baute die Autos dort weiter. Den Station Wagon, am Heck unverändert aber mit neuer Front. Und dort machten wir auch einen neuen Jeepster. Ich versuchte 1959-60, ihn in die damalige Produktion in Brasilien zu schieben, sie hatten aber nicht die nötige Kapazität. Er muß jetzt irgendwo herumstehen. Könnte ein Vermögen wert sein! Sah gut aus.

Der Jeepster war ein Pionier was die abgesenkten Türen und das hochgezogene Heckteil anging, und das entwickelte sich später weiter zum Excalibur. Konzeptmäßig sind sie verbunden.

**Brown**: Habe nie daran gedacht, hört sich aber logisch an. Aber zurück zum Station Wagon. Welche Jahre wurde er gebaut?

**Stevens**: Mein Gott! Ab 1946 bis irgendwann in den frühen 50ern. Es liefen volle Produktionslinien mit denen. Wir veränderten ständig die Preßteile sowie die Lackierung und wir machten eine spitze Nase. Und davon wurden einige gebaut! Ein braves kleines Auto. Vierzylinder, dann Sechszylinder. Overdrive und alle denkbaren Modifikationen kamen dazu. Es war ein praktischer Kombi, da er eigentlich ein Lieferwagen war. Man kriegte einiges rein. Der Plymouth Suburban kam viel später und war eigentlich nur ein Sedan.

**Brown**: Als der Suburban im Juni 1949 kam, müssen Sie in Toledo gewesen sein. Wie war die Reaktion, als Plymouth behauptete, der Suburban sei der erste Wagen mit selbststragender Karosserie?

**Stevens**: Wir machten Stunk! Wir hatten ja Patente von dem Ding und alles Mögliche. Ich kann mich nicht genau erinnern, wie das ausging.

**Brown**: Es war aber irgend etwas?

**Stevens**: Mein Gott, ja! Die Führung stellte die Welt auf den Kopf, war aber zu der Zeit nicht so mächtig wie Chrysler. Die Käufer kannten aber den Unterschied. Jeeps hatten ihre eigene Persönlichkeit. Langsam tauchte er vor den Country Clubs auf, er war »in«.

**Brown**: Was war der Hintergrund der Entwicklung des Aero Willys? Im Nachhinein scheint es besser, wäre Willys bei den Sondermodellen geblieben.

**Stevens**: Vielleicht, man muß aber dabei bedenken, daß die Führung oft wechselte. Wäre Sorensen geblieben, hätte er nie Personenwagen gebaut. Die neue Führung war es, die den neuen Wagen wollte. Wir arbeiteten auch damit, und ein Kerl namens Phil Wright war auch involviert.

**Brown**: Es war ein nettes Kleinauto!

**Stevens**: Sicher. Und er und Henry J waren die Vorgänger von denen, die heute mit den Japanern konkurrieren. Sie waren einfach zu früh. Man konnte sie damals einfach nicht verkaufen. Sie waren nicht irgendwie im Schatten einer Ölkrise entstanden. Sie waren einfach als praktische Autos kon-

***Als »Gußeisen-Charlie« Sorensen von Ford zu Willys wechselte, hielt Brooks Stevens seine Tage für gezählt. Doch ganz im Gegenteil, die beiden arbeiteten zusammen am Station Wagon (oben). Mit einem seitwärts sitzenden Beifahrer im Kofferraum konnte der Wagen sieben Personen befördern.***

wachsenden Andrang von Flüchtlingen aus dem Norden mußte die Militär-Polizei mehr und mehr Jeeps einsetzen. Er konnte über befestigte Straßen in Städten und Dörfern patroullieren, sich aber auch durch den dicksten Dschungel durchkämpfen. Der Jeep wurde in Korea das bevorzugte Transportmittel für Soldaten und Offiziere zugleich.

In den ersten Nachkriegsjahren sah der Jeep, entwickelt fast ein Jahrzehnt zuvor, noch gut aus. Als der Verkauf zurückging, stand für Willys jedoch fest, daß die Modellpalette verbreitert werden mußte. Brooks Stevens war immer noch Chef des Designs und machte die ersten Entwürfe für einen Personenwagen. Als Joseph Frazer Nachfolger von Charles Sorenson wurde, verschwanden aber diese Pläne in den Schubladen. Sie wurden wieder hervorgekramt, als Jim Mooney Chef wurde, und wieder versenkt, als Ward Canaday das Ruder noch einmal übernahm.

Die Wahrheit ist aber, daß Willys womöglich nicht die Kapazität gehabt hätte, selbst wenn Canaday und seine Führungscrew damit einverstanden gewesen wären. Die Karosseriehersteller waren während des Autobooms in den Fünfzigern voll ausgebucht.

Brooks Stevens löste das Problem elegant und auf eine Art, die Schule machen sollte: Er entwarf das erste amerikanische Großserien-Auto mit selbsttragender Karosserie. Der Aufbau hatte so wenig Ecken und Winkel, daß sogar ein Kühlschrankhersteller sie anfertigen konnte. Willys Jeep Station Wagon wurde richtungsweisend für die Entwicklung im Automobilbau. Er hatte den gleichen Radstand wie der Americar, 264 Zentimeter, aber mit einigen Modifikationen am Fahrgestell. Was der Jeep Wagon aber nicht hatte, war Stromlinienform oder Design. Seine Optik war rein funktionell, hoch und eckig. Der einfache, flache Grill und die viereckigen Schutzbleche waren - nicht ohne Grund - fast identische Kopien vom militärischen Vorgänger.

Das Aussehen war streng und anfangs gab es nur eine Lackalternative: ein tiefes Rot für Haube und Schutzblechen, die Karosserie in Creme-Weiß mit rötlichen Panelen auf den Seiten. Die Panele ähnelte sehr den damals so populären Holzblenden amerikanischer Lieferwagen, ohne sie zu kopieren. Der Leistungsmangel war aber gewaltig. Er wog fast 300 Kilo mehr als der Americar, hatte aber den gleichen 63 PS-Motor wie das Vorkriegsmodell. Der zunächst als Sonderausstattung erhältliche Overdrive wurde bald in Serie eingebaut. Vier Vorwärtsgänge waren bei dem Wagen wirklich notwendig.

In der Praxis zeigte aber Jeep Station Wagon einige direkt meßbare Vorteile:

- Trotz der geringen Länge von nur 4,42 Metern bot er Platz für sieben Personen.
- Mit ausgebauten Sitzen konnten bis zu 2,78 Kubikmeter transportiert werden.
- Die Innenhöhe, fast 1,27 Meter, erlaubte den Transport von großen Gegenständen.
- Die Ganzstahl-Konstruktion erforderte keine ständige Wartung, sonst der Fluch aller Besitzer von Holz-Kombis.
- Der Jeep Station Wagon kostete mehrere hundert Dollar weniger als vergleichbare Großkombis, den winzigen Crosley nicht mitgezählt.
- Der Jeep Station Wagon war zuletzt auch einfach, zuverlässig, wirtschaftlich und robust.

Zeitgleich feierte die vordere Einzelradfederung bei Willys Premiere, sie ähnelte sehr dem Planar-System, das Roos für Studebaker entwickelt hatte. Mit sieben längsliegenden Blattfedern (hinten neun) nannte man es bei Willys Planadyne.

***Der CJ-2A (rechts) war sehr erfolgreich, in fünf Jahren wurden 214.202 Stück gebaut. Der 2A hatte eine klappbare Ladeluke hinten sowie die zweigeteilte Windschutzscheibe. Eine interessante Option war der Drehzahlregeler, der die Motordrehzahl unabhängig der Belastung auf konstanter Höhe hielt. Besonders für die Landwirtschaft war diese Lösung interessant. Nur die nötigsten Instrumente, aber trotzdem vollzählig: Tachometer sowie Anzeigen für Wassertemperatur, Öldruck und Tankinhalt. Der seitengesteuerte Go-Devil Motor lieferte in dieser Ausführung 60 PS bei 4000/min.***

PLACENTIA
CALIFORNIA
RCJ 794
BRIAN CHUCHUA

Die Karosserie war zweitürig mit einer Ladeluke direkt hinter dem siebenten Passagier. Alle Sitze außer dem des Fahrers waren ausbaubar und der Wagen konnte deswegen abwechselnd zum Personen- oder Gütertransport eingesetzt werden. Direkt hinter dem Fahrersitz war der Innenboden ganz flach, was den Nutzwert nur erhöhen konnte.

Die mechanischen Komponenten waren eher konventionell mit einer 8,5-Zoll-Kupplung von Auburn und T-96 Getriebe von Warner Gear als wichtigste Elemente. Die Hinterachse kam von Spicer, das Lenksystem von Ross. Die hydraulische Bremse trug das Markenzeichen von Bendix und die 6-Volt-Elektrik kam von Electric Auto-Lite.

Eine Anzeige von Willys-Overland in der *Saturday Evening Post* verkündete: »Kein Personenwagen kann so praktisch sein wie der Station Wagon. Und kein Station Wagon ist so praktisch wie der Jeep Station Wagon, mit der ersten Ganzstahl-Karosserie für mehr Sicherheit und längere Lebensdauer.« Der Text erklärte weiter, daß der Wagen genauso sanft »auf Landstraßen wie auf Straßenboulevards lief«.

Anfangs gab es den Station Wagon nur mit Zweiradantrieb, er verkaufte sich aber gut. In der zweiten Hälfte 1946 wurden 6534 geliefert, 1947 sogar 27.515 Stück. Wahrscheinlich hätte Willys mehr verkaufen können, wäre die Produktionskapazität größer gewesen. Wer was zu verkaufen hatte, wurde es in diesen Jahren los. Rohstoffe, vor allem Stahlblech, waren Mangelware und Autohersteller waren besonders betroffen.

Vielleicht war das aber auch der Grund zu dem Gerücht, daß Station Wagon und andere Jeep-Produkte tatsächlich aus verschrotteten Kriegsfahrzeuge zusammengebastelt seien. Brooks Stevens hatte bewußt den Look des Jeeps übernommen, schüttelte aber nur den Kopf über die Gerüchte: »Jeder, der selber denken konnte, wußte, daß es nicht wahr ist. Spurweite, Radstand, alles war anders.«

Eine Luxusausführung kam 1948, Station Sedan genannt. Er war qualitativ besser als der Wagon, innen und aussen, obwohl er die gleiche Karosserie trug. Die Lackierung war einfarbig, mit einem umlaufenden Streifen im Geflechteffekt. Ein britischer Journalist fand, »der Station Sedan ähnelt eher einer Country-Kutsche«. Das Weidenflecht-Dekor gefiel jedoch den meisten.

Die größte Neuigkeit stellte aber der neue Sechszylinder für den Sedan dar, gezeichnet von Barney Roos. Es war ein konventioneller, seitengesteuerter Motor mit 2433 Kubik Hubraum und 72 PS, etwa elf Prozent mehr als beim Vorgänger. Das Drehmoment lag mit 160 Nm um 15 Nm höher als beim Vierzylinder.

Das Fahren ist für moderne Autofahrer ein Erlebnis. Man sitzt sehr hoch, da die Sitze etwa 45 Zentimeter oberhalb des Bodens plaziert sind. Die Rundumsicht ist natürlich hervorragend. Die ersten Sitze waren etwas schwammig, aber ab 1949 kamen neue Federn, die das Problem lösten. Gleichzeitig wurden die Sitze neu arrangiert und die Insassen hatten dadurch mehr Beinfreiheit. Und der Fahrkomfort war bedeutend höher als erwartet.

Auch der Vierzylinder ging bis etwa 65 km/h recht anständig, danach passierte nicht mehr viel. In dieser Hinsicht hatte der Sechszylinder selbstverständlich mehr zu bieten.

Die Kupplung griff sanft und leicht; die Knüppelschaltung war besser als die meisten ihrer Art. Die Lenkung war leicht und einigermaßen präzise, der Wagen selber aber neigte sich gewaltig in Kurven. Er verlor aber nicht so schnell die Haftung und der kleine Wagen sorgte für viel Fahrspaß. Der durchschnittliche Fahrer hatte jedoch im Alltagsverkehr sicher alle Hände voll zu tun.

***Ein anderes Beispiel für Brooks Stevens Einfallsreichtum war der Jeepster (rechts), vorgestellt am 3. April 1948. Damit wollte sich Willys ein sportliches Image geben. Die Nase stammte vom Station Wagon, das Heck von den Universal-Jeeps. Antriebsquelle war, wie immer, der Go-Devil Motor. Nachdem entsprechende Kritiken nicht verstummen wollten, gab es ab 1950 auf Wunsch auch den seitengesteuerten Sechszylinder. Die Innenausstattung ähnelte sehr der des Station Wagon, die Vordersitze waren jedoch für den Einstieg in den Fond klappbar.***

The Stamp's
Jeepster '48

Seitenwind war auch ein Problem. Ob der Fahrer wollte oder nicht, er konnte schnell Fahrstreifen wechseln. Dazu kam, daß die Bremse - eine Schwachstelle bei den Jeeps - auch beim Station Wagon nicht berühmt war. Mit viel Pedalkraft konnte man zwar den Wagen zum Stillstand bringen, es dauerte eben etwas. Bei Vollbremsung blieb er aber tadellos in der Spur und Roos Vorderradfederung verhinderte, daß die Nase bei solchen Manövern zu tief eintauchte.

1949 kamen besonders gute Nachrichten für die Fahrer, die sich durch Schnee und Schlamm kämpfen mußten: Ab Juli gab es den Allradantrieb auch für den Station Wagon. *Automotive Industries* berichtete, der Antrieb wäre schon im vergangenen Jahr für die Armee gebaut worden, doch erst jetzt für die Öffentlichkeit erhältlich. Wie bei den anderen Allradmodellen fehlte die Planadyne-Aufhängung, die durch längsliegenden Blattfedern und starre Antriebsachse ersetzt worden war.

Unter der Haube des Allrad-Modells kam der seitengesteuerte Vierzylinder zum Einsatz, aus späterer Sicht womöglich ein Fehler. Und trotzdem fand das neue Modell seine Käufer. Ein Station Wagon mit nur einer angetriebenen Achse wurde ebenfalls angeboten, wobei die Motorleistung der des Sedan entsprach, die Ausstattung allerdings verringert und der Preis herabgesetzt worden war. Die geringen Verkaufszahlen von 1948 kletterten daraufhin nach oben und erreichten beinahe das Niveau von 1947.

Ab 1947 wurde auch ein Lieferwagen, oft falsch Sedan Delivery genannt, geliefert. Er hatte die gleiche Karosserie wie der Station, aber ohne Fensterscheiben. Statt der Heckklappe hatte er Türen. Bestuhlt war er nur mit dem Fahrersitz.

Die neue Front erschien 1950, optisch die erste Neuheit seit der Vorstellung 1946. Die Schutzbleche waren spitz nach vorne zulaufend und eigentlich tödlich für Fußgänger, aber zu jener Zeit dachte kein Mensch an so etwas. Der Grill wurde leicht V-förmig und fünf waagerechte Stege kamen zu den neun stehenden hinzu. Sogar ein kleiner Kühlerschmuck befand sich an der Haubenkante: Kleinigkeiten, gewiß, die aber viel für die Optik taten.

Das Luxusmodell Station Sedan verschwand 1950 aus dem Angebot. Mitte des Jahres wurde der wechselgesteuerte Vierzylinder für das Allradmodell angeboten, was eine deftige Vitaminspritze bedeutete. Die verschiedenen Wagon-Modelle verkauften sich in jenem Jahr auch etwas besser. Nach der Modellpalette mit robusten Geländefahrzeugen war es nur eine Frage der Zeit, bis Willys-Overland auch einen Klein-Lkw anbot. Er kam auch, und das schon 1946. Dieses Marktsegment war kein unbekanntes Terrain für die Marke. Schon 1910 gab es im Programm Liefer-Trucks, auf dem Overland Pkw basierend. John North Willys erwarb 1912 die Aktienmehrheit an der Gramm Motor Truck Company aus Lima, Ohio, und der Garford Automobile Company aus Elyira, Ohio, beide Hersteller von Eintonnern und größeren Trucks. Ein Dreiviertel-Tonner erschien im darauf folgenden Jahr unter dem Willys-Emblem, war aber in Wirklichkeit ein Gramm.

1915 bereits verkaufte John Willys seine Garford- und Gramm-Aktien wieder, seine Händler lieferten aber beide Marken weiter aus. Eine bescheidene Nutzfahrzeugfertigung lief bei Willys-Overland weiter. Overland stellte 1927 die 27 PS Light Four-Reihe vor, Vertreter der untersten Preisklasse, wo das Chassis nur 450 Dollar kostete. Vier Jahre später lieferte der etwas größere Motor 30 PS, der Preis war aber auf 395 Dollar gesunken. Die Whippet Klein-

***In die Landwirtschaft paßte der kleine Jeep hervorragend. Eine extra Zapfwelle war für 90 Dollar und 87 Cent ab Werk zu haben (rechts oben). Sie trieb verschiedene Maschinen und Geräte. Der Motor für den Scheibenwischer auf der Fahrerseite saß auf der Oberkante des Scheibenrahmens. Der Beifahrer mußte seinen Wischer immer noch per Hand betätigen. Willys spielte 1950 noch mit dem Gedanken an einen Kleinwagen, als Alcoa eine Variante des Jeepsters vorstellte (rechts unten). Die Karosserie war aus Alu und hatte ein abnehmbares Hardtop. Die beiden Sitze im Fond gab es nicht mehr.***

2349 C

2349 C
WISCONSIN

COLLECTOR
2349 A
WISCONSIN

2349 A

4069

trucks erschienen 1927, angetrieben von dem seitengesteuerten Vierzylinder mit 2,2 Liter Hubraum, der später im Zweiten Weltkrieg den Jeep treiben sollte. Der Vierzylinder verschwand zusammen mit dem Whippet 1932, der Motor erschien jedoch ein Jahr später wieder und nahm jetzt im kleinen Willys 77 Platz. Ein Verdecklieferwagen stand jetzt auch neben dem Pkw im Angebot. Ein Truck mit offener Ladefläche und ein Lieferwagen mit Stehhöhe kamen 1938 beziehungsweise 1939 dazu. Bis der Krieg die Produktion von Zivilfahrzeugen stoppte, umfaßte die Modellreihe von Nutzfahrzeugen bei Willys nackte Chassis, Pickup (offene Ladefläche) und Kastenwagen mit Fahrerkabine oberhalb des Motors. Zu jener Zeit machte diese Fertigungslinie nur sieben Prozent der Willys-Overland-Produktion aus.

Der erste Truck der Nachkriegszeit war der 1946 vorgestellte Lieferwagen. Er basierte auf dem Jeep Station Wagon mit 264 Zentimeter Radstand und hatte die gleiche Grundkarosserie; der Motor war der treue Go-Devil.

Für 1947 folgte eine Serie von Eintonnern (900 Kilo Nutzlast) mit Allradantrieb. Es gab sie als Pickup, Pritschen- und Kastenwagen oder als nacktes Chassis.

Der Radstand betrug 300 Zentimeter und das Leergewicht bis zu 1600 Kilo. (Zum Vergleich: Der einfache Jeep wog 940 Kilo. Das Verhältnis von Gewicht zu Leistung war also nicht besonders aufregend bei diesen Trucks.) 1949 kamen Dreiviertel-Tonner mit Zweiradantrieb dazu.

Ein neues Design folgte 1950, wieder nach den Linien des Wagon. Ein spitzer Grill mit fünf waagerechten Stegen ließ ihn weniger massiv aussehen; im darauf folgenden Jahr löste der wechselgesteuerte 72 PS starke Hurricane-Motor das bisherige Aggregat ab. 1951 produzierte Willys 22.282 Trucks, mehr als ein Viertel der Gesamtproduktion. Auf Wunsch gab es eine zusätzliche Zapfwelle für den Betrieb von Geräten mit Antriebsscheibe und auch einen Drehzahlregler für den Motor.

Diese Trucks waren nicht billig. Das Modell mit Heckantrieb kostete zum Beispiel 73 Dollar mehr als ein Dreiviertel-Tonner von Chevrolet. Was die Jeeps aber hatten, war der Ruf der Unverwüstlichkeit. Und für die Modelle mit Allradantrieb gab es keine Konkurrenz.

Willys stattete 1952 seine Modelle mit mehr Luxus aus und verpaßte dem Lieferwagen den Namen Sedan Delivery. Unter den Optionen gab es jetzt verchromte Stoßstangen, verchromte Radkappen und Weißwandreifen.

Nachdem die Wagon, Universals und Trucks sich so gut verkauften, beschloß Willys den Vorstoß in einen neues Marktsegment. Die Nische lebte von heimkehrenden Soldaten, die sich in englische Sportwagen verliebt hatten. Die TA und TB von MG (gebaut zwischen 1936 und 1939) waren solche Modelle und die Enttäuschung war groß,

*Willys führte 1950 den 72 PS starken wechselgesteuerten Hurricane-Motor ein (links). Er war bedeutend leistungsstärker als der Vierzylinder, ohne wesentlich mehr zu verbrauchen.*

*Der Jeepster war auch in attraktiver Zweiton-Lackierung erhältlich. Die zweite Farbe lief rund um das Passagierabteil bis zur Windschutzscheibe (rechts oben). Der Nachfolger des Original-Jeeps war der M38 (rechts unten). Die beiden Modelle waren sich sehr ähnlich, der M38 jedoch mit verstärkten Rahmen und Karosserie, wasserdichter 24-Volt-Elektrik und einem neukonstruierten, wechselgesteuerten Motor, der eine höhere Haube und Grill verlangte. Die neue Militärausführung hatte auch ein ausgeklügeltes Zuluftsystem für Motor, Getriebe, Achsantrieb, Benzintank und Luftfilter. Dadurch konnte der Jeep ganz unter Wasser fahren. Der M38 machte sich einen Namen im Koreakrieg.*

GG 3935

537 KPB

BTRY A
745
AAA

als die GIs entdeckten, daß kein amerikanischer Hersteller nicht einmal was ähnliches produzierte. Unzählige Veteranen brachten tatsächlich ihre MG mit in die USA.

Daraus wollte Willys Kapital schlagen und kreierte eine Mischung aus MG und Jeep: den Jeepster. Klar, daß es kein richtiger Sportwagen war, kein amerikanischer Hersteller baute zu der Zeit Sportwagen. Er war aber offen, der erste offene Amerikaner seit zehn Jahren, und hatte ein gewisses sportliches Flair. Und das Beste daran war die viereckige Jeep-Nase.

Der von Brooks Stevens gestylte Jeepster wurde am 3. April 1948 vorgestellt. Den Namen hatte Joseph Frazer, damaliger Präsident bei Willys-Overland, schon fünf Jahre vorher gefunden. Der Jeepster war ein weiterer Versuch, die Modellpalette zu erweitern, er sollte jugendlicher als die Wagons und eleganter als der normale Jeep sein.

Die Entwicklungskosten waren erstaunlich gering. Der gesamte Antrieb wurde direkt aus den eigenen Regalen geholt: Der Vierzylinder Go-Devil, Kupplung, Getriebe, Overdrive, Differential, Federung, Lenkung und Bremse kamen direkt vom Jeep Station Wagon, lediglich der Rahmen erhielt zusätzliche Stützkreuze. Die Werkzeugkosten waren deswegen minimal. Bei fast 250 Kilo weniger Leergewicht war eine spritzigere Leistungsentfaltung zu erwarten, auch wenn der Jeepster keine Rakete war.

Die Entwicklung der Karosserie verlief beinahe genauso kostengünstig. Die Front steuerte, nahezu unverändert, der Station Wagon bei, die hinteren Kotflügel kamen vom Jeep Truck. Neben der Windschutzscheibe und den Dreieckfenstern gab es kein festes Glas. Türen gab es nur zwei, der Prototyp hatte überhaupt keine. Ein Faltdach aus Segeltuch und Steckscheiben gaben so etwas wie Wetterschutz. Die Preßteile der Karosserie waren simpel im Aufbau und einfach zu verarbeiten. Insgesamt war zu sehr niedrigen Kosten ein neues Modell entstanden.

Die Vorführung fand in aller Stille statt. Das Produkt an sich hätte etwas mehr Aufmerksamkeit verdient, aber aus irgendeinem Grund ließ Willys das sein. Es gab wenigstens eine wirkungsvolle Anzeige mit einem sehr dramatischen Text: »Wo es Spaß gibt, findet man die Leute, für die dieses Auto gebaut wurde...Menschen mit Geschmack für das Ungewöhnliche, die chic mit gutem Geschmack und wirtschaftlichem Sinn vereinen.«

Allerdings: So viele Leute waren vom Speedster nun nicht begeistert, jedenfalls nicht so viele wie Willys-Overland sich das gewünscht hätte. Für einen Sportwagen litt er unter gravierendem Leistungsmangel. Nach herber Kritik wurde im Januar 1949 der wechselgesteuerte 73 PS-Motor eingebaut, eine Leistungserhöhung von 11 Prozent. Im Juli im gleichen Jahres kam Barney Roos' neuer »Lightning Six« dazu. Für 1950 wurde ein spitzer Kühlergrill mit fünf horizontalen Chromstäben eingeführt; etwas später wurde der Motor auf 2638 Kubik aufgebohrt. Die Leistung erhöhte sich damit auf 75 PS.

Die Verkaufszahlen des Jeepster waren von Anfang an nicht gerade rosig und fielen 1949 noch weiter, um sich im darauf folgenden Jahr etwas zu erholen. Bei dem im Katalog von 1951 gezeigten Jeepster handelte es sich um Modelle des Jahres 1950, die Produktion war bereits eingestellt worden. In den drei Produktionsjahren brachte es der Jeepster auf 19.132 Stück.

Vielleicht kam er zu früh. Viel später avancierte er zu einem gesuchten Liebhaberstück, und nicht zu unrecht feiert man ihn als einen Meileinstein der Automobilgeschichte. Für sein Scheitern

***1950 widerfuhr dem Jeep Truck seine einzige optische Veränderung, als der Grill drei extra senkrechte Stege erhielt (rechts oben). Bald folgten mehrere Versionen (ganz rechts oben). Die Winde an der Stoßstange vorn war sehr populär. In den 40ern und frühen 50ern testete die Army ein kleines Geländefahrzeug (Mitte). Dieser WAC hatte einen luftgekühlten Motor von Harley-Davidson, wog weniger als 500 Kilo und bestand aus Stahl, Sperrholz und Segeltuch. Die Spitze betrug 75 km/h. 1950 arbeitete Willys an einem Nachfolger für den CJ-3A (rechts unten) und baute außerdem eine verbesserte Militärversion, den M38 A1. Aus dieser Konstruktion entstand später der CJ-5.***

4069
X151

gibt es mehrere Erklärungen:

- Die Identität: Der Jeepster war kein Sportwagen, aber auch kein Familienauto. Er saß sozusagen zwischen zwei Stühlen.
- Offene Autos waren schon lange vom Markt verschwunden. Die Liebe zum Faltdach war noch da, aber die Käufer wollten eher Kurbelfenster, keine Steckscheiben.
- Nach 1948 war die Zeit des Verkäufermarkts schon vorbei. Die amerikanischen Hersteller machten sich große Konkurrenz.
- Einige Käufer hätten sich eine Allrad-Version gewünscht.
- Und, wie Brooks Stevens bemerkte, er war teuer. Ein Vierzylinder Jeepster kostete fast hundert Dollar mehr als ein Chevrolet Club Coupé. Der Chevrolet war zwar kein Cabrio, aber der Jeepster eigentlich auch nicht.

Zu dieser Zeit sonnte sich Willys in einem gewissen Produktionszuwachs. *Business Week* bezifferte die Produktion des Jahres 1948 auf 138.000 Autos, während des Krieges war es maximal 107.000 gewesen. Die Kapitaldecke blieb dennoch äußerst löchrig. Als die USA 1941 in den Krieg zogen, betrug das Willys-Kapital zwei Millionen Dollar. Am Kriegsende waren nur 20 Millionen für Entwicklung und Expansion verfügbar.

Als der Korea-Krieg den Nachkriegsboom jäh stoppte, war Willys auf schlechte Zeiten nicht vorbereitet, das Unternehmen war reif für eine Übernahme. Attraktive Modelle, ein hoher Exportanteil und ein gesundes Händlernetz machten die Marke für größere Hersteller durchaus interessant.

***Willys Werbung stellte 1950 noch viel mehr die praktischen Seiten des Jeep in Vordergrund (links: »Es war nicht viel Platz, aber ich habe es geschafft.«). Die Konkurrenten aus Detroit wechselten ihre Modellpalette alle zwei Jahre aus, Willys hatte seit 1946 im Grunde nur das gleiche Modell anzubieten.***

***Im Willys Werk Toledo, Ohio, entstehen hier die M38 neben dem Wagon und anderen Zivilmodellen (rechts oben). Zwischen 1949 und 1952 baute Willys mehr als 60.000 M38 für die Army. Der Wagon erhielt 1950 den gleichen Facelift wie die Lieferwagen (rechts unten). Erhältlich mit Zwei- oder Allradantrieb, nutzten sie entweder den Vierzylinder oder den Sechszylinder als Antriebsquelle. Die Produktion zwischen 1949 und 1951 betrug über 35.000 Einheiten pro Jahr. Der Koreakrieg und eine allgemeine Rezession ließen diese Zahlen 1952 auf nur 12.069 absinken.***

Kapitel 5

# Kaiser und der Jeep: 1953-1955

Mit dem fortschrittlichen Aero-Willys meldete sich Willys-Overland als Pkw-Hersteller zurück. Das Auto war leicht, wog nur 1200 Kilo und hatte einen Radstand von 275 Zentimetern. Das Modell war ausgereift und erhielt durchweg gute Kritiken. Leider kostete er 150 Dollar mehr als der Chevrolet Bel Air Hardtop. Für die 31.000 verkauften Exemplare des ersten Produktionsjahres mußten die Händler hart arbeiten.

Gleichzeitig ging der Automarkt insgesamt zurück, während der Korea-Krieg zu neuen Rationierungen von Gummi und Stahl führte. Trotzdem konnte Willys 1953 den Verkauf auf 42.000 Stück erhöhen - immer noch zu wenig und auf jeden Fall zu spät. Die hohen Entwicklungs- und Werkzeugkosten des neuen Modells in Verbindung mit der schlechten Konjunktur hatten Willys in eine schwierige Lage gebracht. Diesmal gab es kein begabter Verkäufer wie John North Willys, der die Sache zurechtbiegen konnte.

Im April 1953 kaufte die Kaiser-Frazer Corporation für etwa 60 Millionen Dollar Willys-Overland. Ward Canaday überließ Henry J. Kaiser und seinem Sohn Edgar die Zügel.

Der Besitzerwechsel hätte eigentlich frischen Wind mit sich bringen sollen, tatsächlich brachte er nur noch mehr Probleme. Erstens war Kaiser gar nicht in der Lage, Geld auszugeben. Das Unternehmen hatte im Jahr zuvor fast 10 Millionen Dollar verloren, in seiner fünfjährigen Geschichte waren mehr als 34 Millionen Verlust aufgelaufen. Das Modell Aero-Willys war, zweitens, auch nicht viel größer als der Henry J, das Billigmodell von Kaiser. Und trotzdem meinte Kaiser, im Verbund mit Jeep nun große Sprünge machen zu können.

Wenn es etwas an den CJ-2A und CJ-3A - oder dem Militär-Modell MC - zu bemängeln gab, dann war es die Leistung. Das galt auch für andere Willys-Produkte, einschließlich Jeepster und Station Wagon. Unter neuer Leitung versuchte Barney Roos nun, die Kritiker mit dem wechselgesteuerten Vierzylinder zu überzeugen.

So erschien am 28. Januar 1953 der

*Obwohl Willys jetzt Kaiser gehörte, blieb die Werbung gleich. Die Nützlichkeit des Station Wagon machte aus ihm den perfekten Familienwagen - so hieß es zumindest in den Anzeigen (links).*

*Die frühen Fünfziger waren für die amerikanische Automobilindustrie komische Zeiten. Material-Rationierungen wegen des Korea-Kriegs führten zu einer neuen Rezession. Gleichzeitig durfte aber Willys jährlich mehr als 50.000 MC und MD für die Armee bauen. Die Produktion des Station Wagon (rechts) kletterte 1953 auf 18.811 Einheiten, über 6000 mehr als im Jahr zuvor. Die Modelle 1952 wiesen keine großen Änderungen auf, wie jedes Jahr eigentlich: Der Wagon hatte lediglich neue Rückstrahler, einen neuen Kennzeichenhalter und -beleuchtung. Auch mit offener Ladeklappe war das Kennzeichen jetzt sichtbar. Jeep verkaufte zu dieser Zeit auch andere Varianten an die Regierung, wie den Postwagen 1953 (ganz rechts unten).*

U.S. MAIL

Jeep CJ-3B. Die Haube fiel für den neuen Motor etwas höher aus, deswegen sah der 3B etwas anders aus. Die hochgesetzten Scheinwerfer verliehen ihm einen erstaunten Ausdruck, eine Verblüffung, die auch die Army-Ausführung M606 teilte.

Die Leistungserhöhung war beachtlich. Mit 60 PS bei 4000/min entsprachen die 75 PS bei gleicher Drehzahl einer 25prozentigen Steigerung im Vergleich zum Vorgänger. Das Drehmoment hatte sich ebenfalls erhöht, von 146 Newtonmeter auf 158, was vor allem bei niedrigen Geschwindigkeiten wichtig war. Das Differential bekam ein neues Gehäuse, das die Geräuschentwicklung dämmte und länger hielt. Es wog 1,5 Kilo mehr und kam nur um 25 Dollar teurer.

1955 kam die nächste zivile Version, der berühmte CJ-5. Vorgestellt am 11. Oktober 1954, basierte er auf der Militär-Version MD-MB38 A1. Für zivile Zwecke gab es jedoch einige sinnvolle Unterschiede.

Die Scheinwerfer bekamen eine verchromte Zierleiste und erhoben sich etwas vom Kühlergrill. Die Tarnlichter wurden durch normale Parklichter ersetzt und das 24-Volt-System durch eine 6-Volt-Elektrik.

Der optisch markanteste Unterschied zwischen dem CJ-5 und dem CJ-3B bestand in der Wölbung der vorderen Kotflügel. Der Rahmen bestand jetzt vollständig aus Vierkantprofilen, ein zusätzlicher Querträger sorgte für mehr Stabilität. Aus dem gleichen Grund war die Karosserie umbördelt und überlappt. Weichere Federn vorn, härtere hinten und ein längerer Radstand (jetzt 206 Zentimeter) verliehen ihm ein etwas anderes Fahrverhalten.

Mit einer Gesamtlänge von 3,44 Metern war er fast 15 Zentimeter länger als der CJ-3B. Auch war er ein wenig in die Breite - 182 Zentimeter - gegangen, das Gewicht dagegen hatte sich nur gering-

*Der Hurricane-Vierzylinder befeuerte bis 1954 alle Jeep-Produkte (links oben). Der Deluxe Station Wagon erschien 1952 (links unten). Diese Ausführung hatte Flechtmuster-Dekor an den Seiten und Vinyl-Sitzbezüge.*

*Der M-38 A1, besser bekannt als der MD, war der für das Militär gebaute CJ-5. Dieses Modell (rechts) wurde zwischen 1952 und 1968 für die US-Truppen gebaut und wurde dann vom M151 abgelöst. Der MD wies wieder eine zweigeteilte Windschutzscheibe auf, unter seiner Haube schlug ein 72 PS starker Vierzylinder; die kanadische Ford-Tochter baute den MD unter Lizenz. Willys entwickelte auch vom CJ-6 eine Militärausführung, der M170 machte Karriere als Ambulanzwagen oder Mannschaftstransporter.*

CLASSROOM # 2
WARNING
U S ARMY
212749
TP-25
TP-25
24-V.

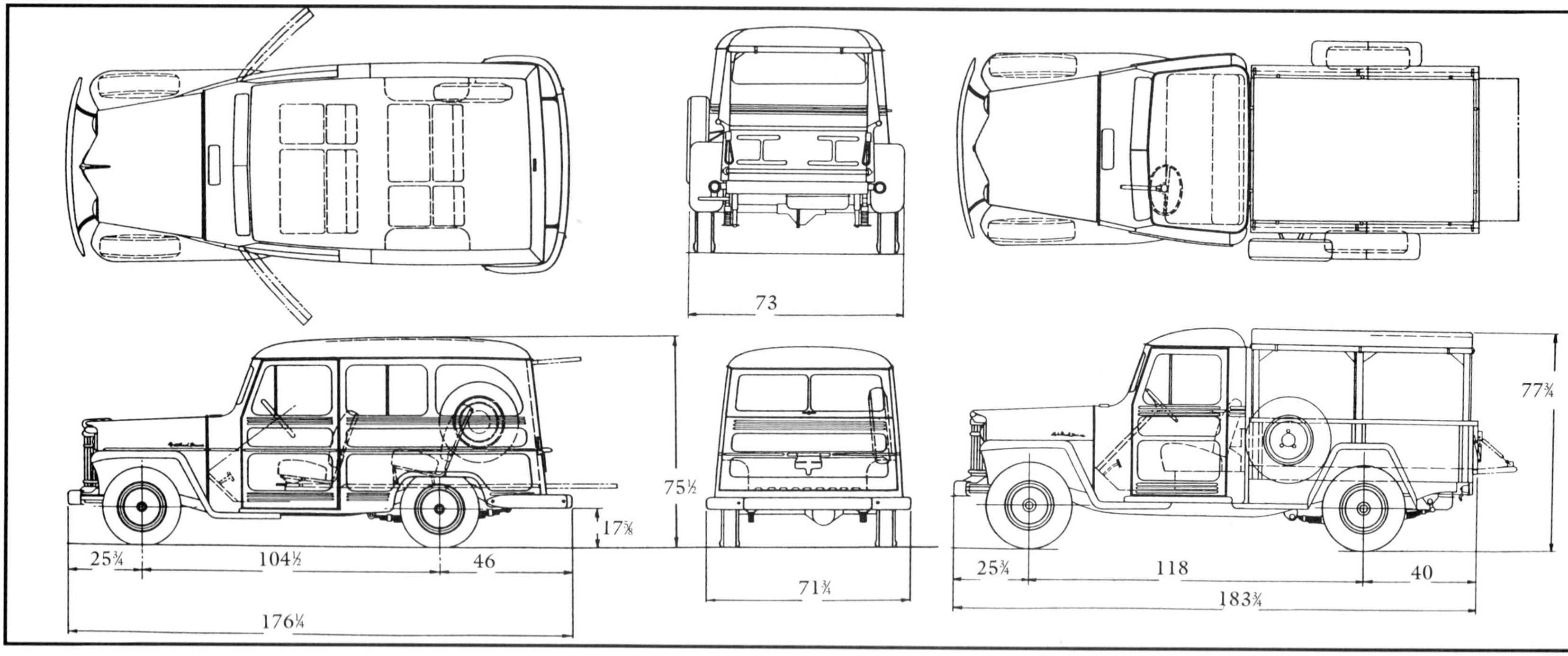


## *Wer hat hier das Sagen?*

Lange sah es so aus, als hätten die neuen Chefs bei Jeep nicht einmal Zeit, den Hut abzunehmen, bevor sie wieder gingen. Nach Ward Canadays Umorganisation 1936 - ein Jahr nach John North Willys Tod - wurde Dave Wilson Präsident. Der etwas grobe Mann war bis dahin Chef der Wilson Foundry Company in Pontiac, Michigan, einem Unterlieferanten von Willys gewesen. Es besteht kein Zweifel, daß seine harte Methoden und seine Schlitzohrigkeit Willys diese harten Zeiten überleben ließen. Er war jedoch nicht glücklich unter Canaday und der dortigen Hierarchie von Krawattenträgern. *Fortune* berichtete 1939 von einer Vorstandssitzung, wo »der ansehnliche Finger von Wilson seine Argumente so hart unterstrich, daß der Vorstand angeblich in einen danebenstehenden Papierkorb verbannt wurde. Veteran Wilson zog sich dann in den Ruhestand in Pontiac zurück«.

Der nächste war Joseph Frazer, vorher bei Chrysler (später der Mann hinter Kaiser-Frazer). Er galt in der Industrie als der beste Verkaufsmanager überhaupt und war sicherlich der richtige für das geplagte Unternehmen. Wäre der Krieg nicht gekommen, wer weiß, was mit der Marke passiert wäre. Joe Frazer hatte 1942 nichts mehr zu verkaufen, jedenfalls nicht auf dem zivilen Markt. Im darauf folgenden Jahr löste er seine Option von 75.000 Aktien ein, kassierte ein Nettogewinn von 200.000 Dollar und schloß die Tür hinter sich als er ging.

Die Zusammenarbeit zwischen Frazer und Willys-Overland wäre wohl sowieso nicht gut gegangen. Frazers Ideen für die Nachkriegszeit reimten sich schlecht auf die Ansichten von Ward Canaday, und Canaday hielt alle Asse im Spiel. Nach einem kurzen Zwischenspiel mit Canaday am Ruder wurde »Cast Iron Charlie« Sorensen von Ford weggelockt. Er zeigte wenig Verständnis für Frazers groß aufgebauschte Träume von Willys Rolle in der Nachkriegszeit. Er konzentrierte sich auf Trucks und Nutzfahrzeuge und sah keine Zukunft in Personenwagen.

Das Unternehmen verzeichnete einige Erfolge unter Sorensen, und deshalb war es eine Überraschung, daß Canaday im Januar 1946 einen neuen Präsidenten ankündigte. Der Neue war James David »Jim« Mooney, vor kurzem als Captain aus aktivem Dienst in der Navy-Reserve geschieden. Mooney wurde tatsächlich Vorstand und Präsident. Vielleicht hoffte er, nun

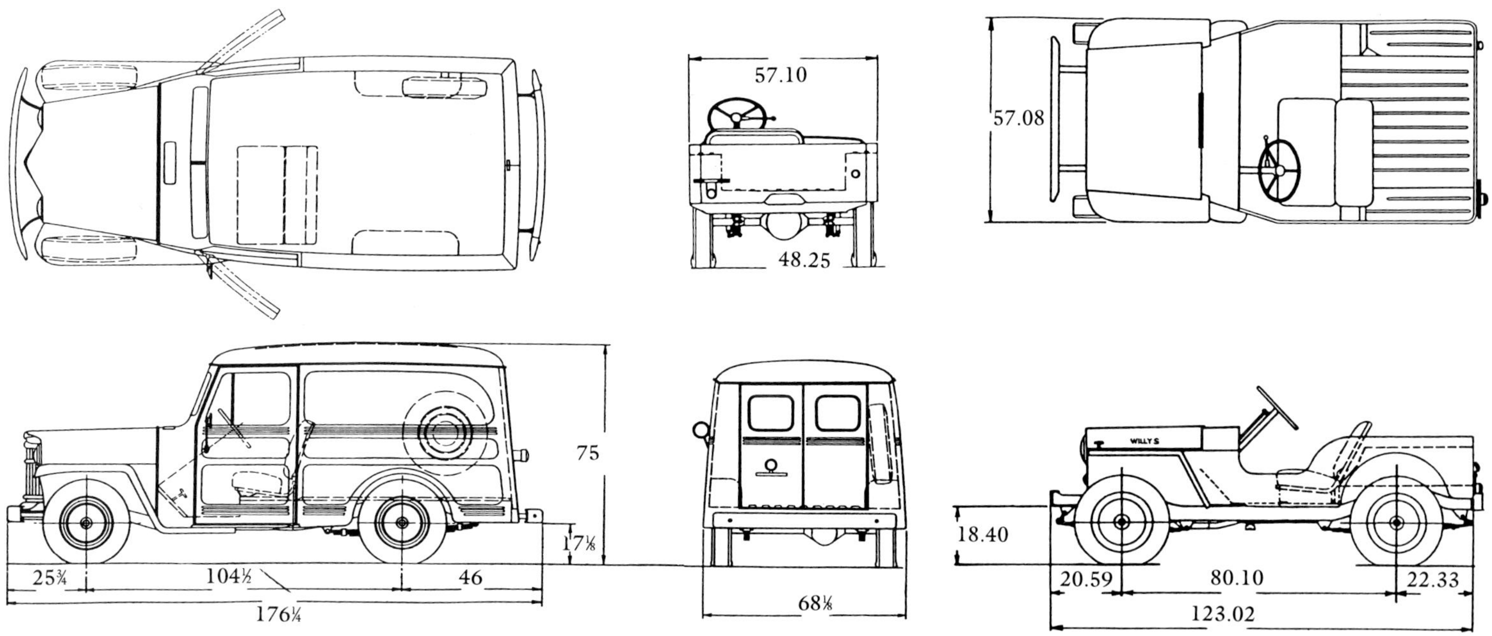


vor jenen Konflikten mit Canaday gefeit zu sein, die seine Vorgänger den Kopf kosteten.

Nach einer Umorganisation saß Canaday dann als Verantwortlicher für den Finanzausschuß im Vorstand. Sorensen, dessen Vertrag ihm 1000 Dollar die Woche für zehn Jahren garantierte, ob er nun lebte oder tot war, wurde stellvertretender Vorsitzender, kaum mehr als ein Titel.

Mooney, von *Motor* als »ausgebildeter Ingenieur, Herstellungsexperte und harter Verkäufer« charakterisiert, hatte für so verschiedene Firmen wie Westinghouse, B.F.Goodrich und Hyatt Roller Bearing gearbeitet, bevor er zur Rein Electric Company kam. Als Rein von General Motors übernommen wurde, begann Mooneys Aufstieg und1935 war er Mitglied des Vorstands. Drei Wochen nach Pearl Harbor, als GM ihm die volle Verantwortung für sämtliche Rüstungsaufträge erteilt hatte, holte ihn die Navy.

Bei diesem Hintergrund können wir annehmen, daß Mooney voller Begeisterung das von Sorensen eingeschläferte Pkw-Programm wiederbeleben wollte. Daß Canaday damit einverstanden war, dürfen wir bezweifeln. *Business Week* spekulierte 1951 über den ständigen Führungswechsel bei Willys-Overland und meinte: »Fast jeder außer Canaday hat zu großartigen Ideen gehabt. Sie wollten Personenwagen bauen, statt bei den Nutzfahrzeugen zu bleiben.«

Die Komplexität der finanziellen und administrativen Struktur bei Willys-Overland kann hier nicht abgehandelt werden. Kurz gesagt lag die Gesamtkontrolle bei einer Organisation mit dem Namen Empire Securities. Präsident und größter Teilhaber war Canaday. Obwohl Jim Mooney Präsident und Vorstand zugleich war, lag die wirkliche Macht in den Händen von Canaday. Und Canaday konnte rechnen.

Zum Schluß starb auch Mooneys Personenwagen, und als die Bücher 1949 wieder rote Zahlen aufwiesen, übernahm Canaday wieder den Titel als Vorstand. Kurze Zeit später stieg er auch auf den Sessel des Präsidenten. Dort blieb er bis zum 28. April 1953, als Kaiser Industries die Marke für 62.381.175 Dollar aufkaufte. Diesmal stieg Canaday endgültig aus.

***Oben: Zeichnungen der Willys-Modelle Ende der Fünfziger, alle Maßangaben in Zoll.***

fügig erhöht und lag bei 1032 Kilo. Die einteilige Windschutzscheibe war viel größer; der Rückspiegel auf der Fahrerseite saß direkt auf dem Scheibenrahmen.

Zugelegt hatte der Innenraum, die Instrumente waren indirekt beleuchtet. Das Handschuhfach konnte wahlweise mit Klappe geliefert werden und die Handbremse hatte jetzt die übliche Pkw-Ausführung. Die neuen Sitze verfügten über neue Bezüge und waren weicher gepolstert. Der Fahrersitz war dreifach verstellbar, vorwärts und rückwärts. Der Rücksitz bot jetzt genügend Platz für zwei und machte aus dem Wagen endlich einen richtigen Viersitzer.

Kaiser-Willys bemühte sich auch um eine solidere Verdeck-Ausführung. Der CJ-5 bekam dafür mehr Befestigungspunkte und das Verdeck selber wurde mit größerer Präzision hergestellt. Was sich aber nicht änderte, war der Motor. Es blieb beim 2,2-Liter wechselgesteuerten Vierzylinder mit 70 PS und 158 Newtonmeter Drehmoment.

Die Produktion des CJ-3B überstieg 1954 30.000 Stück, als aber parallel dazu der CJ-5 vorgestellt worden war, sank die Zahl 1955 auf knappe 12.000. Der CJ-5 fing 1954 mit bescheidenen 4000 Stück, erreichte aber 1955 bereits 23.595 Stück. Es war klar, daß das neue Modell viel besser als der alte Jeep Universal mit Zweiradantrieb war. Er blieb auch, mit wenigen Änderungen, fast 30 Jahre im Programm.

Station Wagon und Lieferwagen blieben zwischen 1953 und 1955 nahezu unverändert im Programm. Beide Allradversionen waren allerdings ab 1954 wahlweise mit dem 115-PS-Sechszylinder lieferbar. Im gleichen Jahr erfolgten kleine Änderungen an der Front wie drei horizontale Stege im Grill statt der fünf.

*Motor Trend* schrieb über den Wagen mit dem seitengesteuerten Sechszylin-

*Das »Vernunftsauto« mit dem Doppelleben war 1954 mit 2134 Dollar etwas teurer geworden und lag um einen Dollar über dem Chevrolet DeLuxe Handyman. Für diesen Dollar mehr lieferte Jeep Allradantrieb und einen zusätzlichen Rücksitz. Jeep Trucks (links) ernteten nicht viel Aufmerksamkeit, verkauften sich aber stetig während der ganzen Fünfziger Jahre hindurch, 20.000 Mal im Jahr.*

*Der CJ-5 debütierte 1955, zwei Jahre nach der Vorstellung der Militärausführung M38 A1. Die Kotflügel waren runder und die Karosserie fast acht Zentimeter breiter. Einige CJ-5 wurden mit getrennter Windschutzscheibe geliefert, genau wie die Militärmodelle, aber letztlich sind alle CJ-5 mit einteiliger Scheibe ausgeliefert worden.*
*Willys versuchte 1953, aus bestehenden Teilen ein Kleinmodell zu bauen, das BC oder Bobcat heiß. Es war 670 kg schwer, 10 kg leichter als der MBL zehn Jahre zuvor. Die Spitzengeschwindigkeit betrug respektable 100 km/h, er gelangte aber nie zur Serienreife. Der CJ-3A (ganz rechts unten) wurde nach nur sechsjähriger Bauzeit vom CJ-3B abgelöst.*

LAKESIDE SHOPPING CENTER
TELEPHONE
WEEK-END
Lakeside
SHOPPING
CENTER
JEEP

der im September 1954. Dieser Motor war im Grunde der gleiche wie im Kaiser, der alsbald seine Laufbahn beenden sollte.

Heute nicht mehr nachzuvollziehen ist die Tatsache, daß zu dieser Zeit der Name Jeep in der Werksliteratur nicht verwendet wird, der von Willys aber schon. Die Allradausführung fuhr sich immer noch wie ein Jeep. In *Motor Trend* konnte man lesen, daß der »Wagon Unebenheiten problemlos bewältigte, wo wir die anderen Autos nicht fahren konnten. Die Federung beruhigte sich auch sehr schnell. Ein staubbedeckter Testfahrer beschwerte sich, daß er den Jeep nicht festfahren konnte. Seine Art, tiefen Sand oder Erde zu beherrschen, durch Büsche zu fahren und Hügel hoch und runter, ist bewundernswert. Die Räder eiern, aber der Wagen selber beißt sich fest. Glatte Schlammhügel sind ebenfalls kein Problem. Der Fahrer erwartete im Gegenteil, daß er einige andere hochschleppen mußte.«

Die Kommentare der Testfahrer über den für diese Zeitschrift etwas ungewöhnlichen Wagen waren enthusiastisch:

- »Die größte Erfindung seit den Füßen, wenn es darum geht, von Punkt A zu Punkt B zu kommen, egal was dazwischen steckt.«
- »Ein komfortabler Familienwagen ist er nicht, ich mag ihn aber wegen seiner Robustheit und des Zugvermögens.«
- »Wer die Wildnis sucht oder in den Bergen oder der Wüste lebt (oder dort, wo es keine Straßen gibt), für den ist das hier das einzige Auto. Nicht für Stadt oder Straße, aber dafür ist er auch nicht gebaut.«
- »Ich bekam einen Kick (in jeder Beziehung), als ich herumgeschleudert wurde. Meine Bequemlichkeit war dem Wagen egal. Er bot aber mehr Vorteile als die meisten anderen, wenn es hart auf hart ging.«

***Willys fand immer wieder neue Einsatzbereiche für ihre Trucks und CJ-Modelle. Beide versahen auch bei der Feuerwehr ihren Dienst (links). In ländlichen Gebieten war vor allem der Allradantrieb interessant.***

***Der CJ-3A (rechts oben) war der erste einer langen Reihe von Modellen mit Heckantrieb, die vordere Starrachse wurde dennoch beibehalten. Die Herstellung fing 1955 an und das Modell kam als Behördenmodell ganz groß heraus. Eine Neuigkeit der frühen Kaiser-Jahre war die Einführung des Hurricane-Sechszylinders 1954. Seit dem Anfangsjahr 1947 war dies die bevorzugte Antriebsquelle aller Kaiser-Modelle. Im Jeep hatte der Motor 115 PS und 260 Newtonmeter. Zum wahlweise erhältlichen Hardtop für den CJ-5A (rechts unten) gehörten Stahltüren mit Kurbelfenstern.***

FOR OFFICIAL USE ONLY

- »Die robuste Innenausstattung deutet auf den Einsatzbereich hin. Es ist kein komfortabler Wagen, aber ein guter Kompromiß zwischen einem Pickup und einem Familienwagen.«

Willys zog sich 1955 vom Pkw-Markt zurück und stufte den Jeep als Lieferwagen ein. Jetzt Utility Wagon genannt, war er mit Allrad- oder Zweiradantrieb erhältlich. Der zusätzliche Sitz für den siebenten Beifahrer verschwand, wie auch der Overdrive, der in der Serie den Vierzylinder-Motor unterstützte. Eine Starrachse ersetzte Barney Roos' Planadyne-Federung. Die Preise waren moderat, die Produktionszahlen wurden mit den der Trucks zusammengezählt. Der Allradantrieb konnte mit wahlweise erhältlichen Warn-Freilaufnaben ausgeschaltet werden.

Die Leistung war dank des 115-PS-Motors bedeutend besser als bei den ersten Wagon-Modellen. *Auto Age* bescheinigte ihm angenehmen Komfort bei 100 km/h mit Zweiradantrieb, und 140 km/h schienen eine durchaus denkbare Geschwindigkeit. Mit eingeschaltetem Vorderradantrieb konnte der Fahrer »durch Morast, durch einen halbmeter tiefen Bach fahren und auf der anderen Seite eine sechzigprozentige Steigung meistern.«

»Wäre es möglich, die Haare auf seiner Brust abzurasieren und stattdessen etwas Puder und Schminke anzulegen«, meinte *Auto Age* mit dem für die Zeit typischen Chauvinismus, »so könnten durchaus die modebewußten Frauen, die den Markt in den USA diktieren, dem Wagon zu einem besseren Umsatz verhelfen.«

Die Trucks erfuhren die entsprechenden technischen Modifikationen. Ein Allrad-Lieferwagen kam 1953 dazu, etwa 451 Dollar teurer als die Zweirad-Ausführung. Der Markt für Allrad-Fahrzeuge war begrenzt und der Verwendungsbereich doch zu eingeschränkt.

Der wechselgesteuerte Willys-Sechszylinder war 1954 auch im Sedan, dem Lieferwagen, erhältlich. Der seitengesteuerte Kaiser 3,7-Liter-Sechszylinder wurde bei den Allrad-Trucks Serie. Jetzt hatten beide Modellreihen die nötige Motorleistung. Die größte Neuerung für die Marke sollte allerdings erst in einem Jahr folgen - der Forward Control, Frontlenker.

*Jeep Trucks (links oben) hatten auf dem Lande viel zu tun. Sie waren zuverlässig und wartungsfreundlich und einige stehen noch heute im Dienst. Die Produktion dieser Reihe erreichte ihren Höhepunkt 1951, gleich in ihrem ersten Jahr, mit 38.407 Stück.*
*Willys wurde nicht müde, den Farmern die Vielseitigkeit ihres CJ anzupreisen (links unten).*

*Der Station Wagon war 1955 mit dem 115 PS Kaiser-Sechszylinder erhältlich. Die Innenausstattung war noch immer spartanisch, es handelte sich immerhin um ein Gebrauchsauto. Seinen guten Ruf verdankte Willys-Overland den Kriegsaufträgen, und zehn Jahre später baute man immer noch an diesem Image, so als ob sich der Ruhm der vielen Behörden-Modelle irgendwie auf die Zivilproduktion übertragen könnte (ganz rechts unten).*

"We know from experience...
'Jeep' vehicles and
equipment cut costs and get
more work done!"
Busy all the time in ANY INDUSTRIAL PLANT OR BUSINESS
THE 'JEEP' FAMILY OF 4-WHEEL-DRIVE VEHICLES
WILLYS, world's largest manufacturer of 4-wheel-drive vehicles

Kapitel 6

# Vorwärts mit Forward Control: 1956 - 1962

Am 27. November 1956 kündigte Kaiser-Jeep einen neuen Dreivierteltonner an, der, und das war neu in diesem Segment, den Fahrer auf der Vorderachse plazierte. *Commercial Car Journal* stellte den Wagen und seinen Einsatzbereich im Dezember 1956 vor: »Um eine möglichst große Ladefläche im Verhältnis zum Radstand zu bieten, hat der neue FC-150 die Fahrerkabine vor dem Motor. Er bietet so eine Ladefläche von mehr als 1,80 Meter, trotz eines Radstands von nur 205 Zentimetern.«

Die Gesamtlänge betrug 3,75 Meter, fünf Zentimeter kürzer als der kleine Nash Metropolitan und einen ganzen Meter kürzer als der Chevrolet Halbtonner-Pickup. Eingestuft als ein Dreivierteltonner, obwohl das Chassis von dem CJ-5 Jeep stammte, hatte FC-150 den wechselgesteuerten Hurricane-Motor mit 75 PS und 157 Newtonmeter. Serienmäßig kam ein Dreiganggetriebe zum Einsatz, eine Fahrstufe mehr gab es auf Wunsch. Der Wagen hatte Allradantrieb; das Verteilergetriebe konnte ohne anzuhalten geschaltet werden - damals eine interessante Innovation. Die Pickup-Ausführung kostete 2320 Dollar, nur 64 Dollar mehr als der konventionelle Jeep Truck.

Die Werbung unterstrich die hervorragende Rundumsicht und bezeichnete sie als um 200 Prozent größer als bei einem konventionellen Auto. Das DeLuxe-Modell hatte tatsächlich mehr als 1700 Quadratzentimeter Glasfläche. *Motor Trend* sah hier aber eine Falle: »T-Birds, Corvettes, Hawks und andere tiefgebaute Schlitten, die rechts vorbeifahren, können vom Fahrer nicht immer entdeckt werden.« Die Zeitschrift sprach vom Helikopter-Look und meinte, nach dem Einstieg fühlte man sich, als hätte man unter der Glaskuppel eines Hubschraubers Platz genommen.

Wie andere Allradfahrzeuge von Jeep konnte auch dieses jede Steigung bewältigen. Bob Scala schrieb in *Motor Trend*: »Für den ersten Versuch wählten

*Kaiser-Jeep folgte der traditionellen Werbelinie auch 1956 in seinem orangefarbenem Prospekt Public Service (links). Drinnen befanden sich schwarz-weiße, zum Teil kräftig retuschierte Fotos von Jeeps, die DC-3-Flugzeuge schleppten, Kettensägen trieben oder metertiefe Graben ausschaufelten.*

*Da der Station Wagon (rechts oben links) in den Fünfzigern so gut wie gar nicht modifiziert wurde, bot Toledo wenigstens Abwechslung im Spiel der Lack- und Ausstattungsvarianten.*
*Der »Mechanical Mule« (»Mechanischer Muli«, rechts oben) wurde 1957 entwickelt. Er wog nur 340 Kilo und hatte einen Vierzylinder-Motor. Bis zum Produktionsende hatte Jeep 4618 Stück davon gebaut. Ein zwischen den Achsen um 50 Zentimeter verlängerter CJ-5, der CJ-6, erschien 1956 (rechts Mitte).*
*Die größte Neuerscheinung war der Forward Control Lastwagen (ganz rechts, Mitte) 1957. Von größerer Bedeutung war jedoch der tiefgebaute Dispatcher (rechts unten), 1955 eingeführt. Das Zweiradmodell gab es als Hardtop, offen oder mit Stoffverdeck. Es war bei den Postboten in den ganzen USA sehr bekannt.*

U.S. ARMY 2450727

*Der FC-150 (links oben) brachte 1957 frischen Wind in die Kleinlastwagen-Klasse. Die Konstrukteure plazierten den Motor über der Vorderachse, das erlaubte bei einem Radstand von nur 205 Zentimetern eine Ladefläche von 188 Zentimetern. Später, doch noch im gleichen Jahr, folgte der FC-170 (links unten) mit 263 Zentimetern Radstand und seitengesteuertem Sechszylinder-Motor.*

*Die Einsatzbereiche der verschieden ausgestatteten Modelle von Jeep waren unzählig. Darunter befanden sich Dump-O-Matic, Cargo Personnel, Commando-Löschwagen und zwei verschiedene Krankenwagen. Die Motoren-Auswahl war unverändert und sämtliche Ausführungen waren wahlweise mit Zwei- oder Allradantrieb erhältlich. Als Basis dienten immer noch der alte Go-Devil-Motor (ganz rechts unten) und der Super Hurricane-Sechszylinder mit 115 PS und 262 Newtonmeter (rechts unten links).*

Jeep

WILLYS NEWS

WILLYS ... the company on the move!

Published by the Merchandising Department for Willys Dealers and Salesmen

Vol. 2, No. 4 — Willys Motors, Inc. — APRIL, 1956

NEW TWO-TONE 'JEEP' TRUCK ANNOUNCED

Striking Color Array Adds Buyer Appeal To 4-WD, Willys Line

Willys Salesmen Compete In Big 'Jeep' Sales-Safari

"Operation T-V" Contest Leaders Named

Sixty Group Winners Receive March Awards

Willys Ad Features Farmer's Daughter

Three Top Willys Dealers In National Contest

R. H. WILLIAMS, Group Two Leader — ROBERT A. LeSAGE, Leader in Group One — ROBERT J. SETARO, Group Three Leader

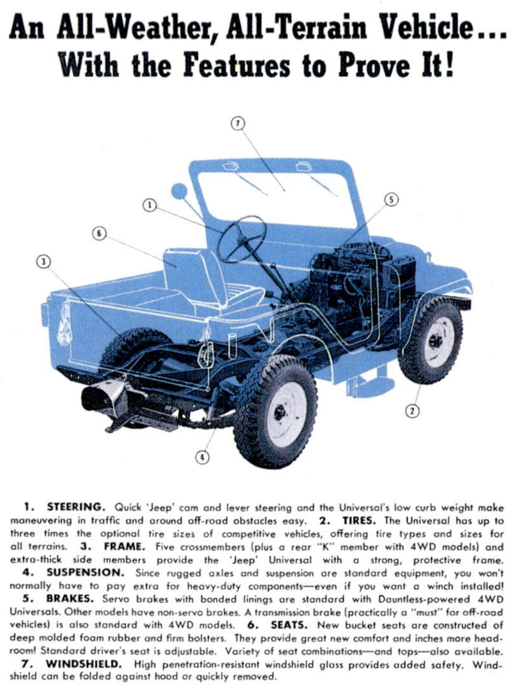


wir Schrittgeschwindigkeit und Allradantrieb und peilten eine Hillclimbstrecke für Motorräder an. Die Streckenführung war spurig, ausgefahren und holperig und nicht einmal im Traum mit einem normalen Wagen zu befahren. Der Jeep hatte keine Probleme und kletterte unbeeindruckt zur Spitze hoch. Wir drehten uns und rollten mit Motorbremse seelenruhig wieder runter. Wir suchen noch eine Steigung irgendwo, die der Jeep nicht schafft, haben aber das Gefühl, sie muß dann fast senkrecht sein.«

Die Betätigung des Verteilergetriebes erfolgte bei diesem Modell über einen einzigen Schalthebel. Die Lenkung war leicht und präzise, aber etwas träge. Die Übersetzung von 32:1 ergab fünfeinhalb Umdrehungen von Anschlag zu Anschlag. Kupplung und Bremse wurden über die damals mehr und mehr in Mode kommenden hängende Pedale betätigt. Der Bremsflüssigkeitsbehälter befand sich gut zugänglich auf dem Armaturenbrett. Der Deckel über dem Motor war leicht zu entfernen, dicke Glaswolle diente als Lärmdämpfung. Die Ladefläche befand sich nur 60 Zentimeter über dem Boden, was das Beladen sehr leicht machte. Der Boden der Ladefläche war allerdings nicht für jeden Transport ideal. Um die Markenidentität zu unterstreichen, erhielt der FC den bekannten Kühlergrill, jedoch in abgesetzter Farbe lackiert.

Im Spätjahr 1957 kam eine zweite Variante hinzu. Der FC-170 baute auf einem 263 Zentimeter langen Radstand, hatte entweder Zwei- oder Allradantrieb und wog 3175 Kilo. Das Grundchassis diente als Basis für Feuerwehrwagen und andere Spezialfahrzeuge. Als Pickup hatte er eine 2,75 Meter lange Box, obwohl die Gesamtlänge des Fahrzeugs nur 4,5 Meter betrug, nur 20 Zentimeter kürzer als ein Falcon Ranchero von 1960.

*Die Jahre 1955 bis 1957 lag der Jeep-Absatz bei etwas über 64.000 Autos, angeführt von CJ und Station Wagon. Es sah aus, als hätte die Marke ihre Nische gefunden. Leider ging der Verkauf im folgenden Jahr um 20.000 Einheiten zurück.*

*Der Utility Wagon (rechts) stand auch 1959 mit nur wenigen Änderungen im Programm, noch immer stellten der Go-Devil sowie der seitengesteuerte Sechszylinder mit auf 105 PS reduzierter Leistung die einzigen Alternativen dar. Das Basismodell sah aus wie hier, hatte aber eine lange Optionsliste. Darunter befanden sich Stoßstangenhörner vorn, Zweifarblack, Blinker, Heizgebläse und Defroster, Rückstrahler, Radio, Drehzahlregler und Zapfwelle für Anbaugeräte. Bei der geteilten Heckklappe (rechts unten) schwenkte das Oberteil nach oben, das Unterteil nach unten.*

210 FZE

Trotz dieser Neuerungen verlief der Verkauf eher schleppend: nur 9738 Einheiten im ersten - und besten - Produktionsjahr. Die gelieferten FC-Modelle durften aber viel erleben. Dank seines schlanken Profils und dem Allradantrieb war er nahezu ideal auf der Farm. Tankstellenbesitzer benutzten die FC als Abschleppwagen, Kleintransporter oder Schneepflug.

Merkwürdigerweise erreichte das attraktivste Modell der Forward Control-Reihe nie die Serienproduktion. Dabei handelte es sich um einen Van, gestylt von Brooks Stevens, der von Reutter in Stuttgart gebaut wurde. Was Stevens vor den Augen hatte, war der erste Minibus für neun Personen, mit sechs Türen. Leider sind nur drei Prototypen gebaut worden und Stevens findet dafür nur eine Erklärung: »Wir waren wohl zu früh, hätten aber den heutigen Trend damals starten können.«

Für die konventionellen Trucks

*In den Fünfzigern erlebte der Wagon technischerseits nicht viele Veränderungen, optischerseits beschränkte sich Jeep auf die Anbringung unterschiedlich breiter Farbstreifen (links oben und Mitte). Dazu kamen Ausstattungs-Änderungen. Eine Sonderversion war der Airport Wagon (links unten). Neben vier Türen kamen auch einige Sitzreihen extra dazu.*

*In den Fünfzigern untersuchte die Army verschiedene Einsatzbereiche für den Mechanical Mule, entwickelt und gebaut von Jeep. Ein Verdeck sorgte für Wetterschutz (rechts oben). Die Frontverkleidung konnte entfernt werden (rechts unten). Das Allradfahrzeug war 2,5 Meter lang, 1,2 breit und knappe 90 Zentimeter hoch. Konventioneller: der neue CJ-6 (ganz rechts unten) mit verlängerter Ladefläche, sehr praktisch, aber im Verkauf eine Enttäuschung.*

U.S. ARMY
3B3608

JEEP

erschien 1957 eine neue Option, der »Dump-O-Matic«, ein hydraulischer Kran, der den Pickup in einen Miniabschlepper verwandelte. Außerdem standen im Programm Krankenwagen, Feuerwehrwagen oder der Minitransporter »Cargo-Personnel« für zwölf Personen, alle mit Allradantrieb.

Der »normale« Jeep-Truck, der Eintonner, zeigte sich 1959 mehr oder weniger unverändert, sein 3,7-Liter Motor verfügte nur noch über 105 PS. Das Modellangebot wurde jedoch ständig ausgebaut, mit den CJ-Jeeps umfaßte es jetzt 24 verschiedene Nutzfahrzeuge. Und *Automotive Industries* wußte zu berichten, daß Jeep-Produkte in 19 Ländern unter Lizenz gebaut wurden.

Im Juli 1960 bekam das Unternehmen den ersten von vielen Aufträgen für den US Postal Service; es entstand der »Fleetvan« mit einem Aufbau in Stehhöhe. Jetzt standen 28 verschiedene Jeep-Nutzfahrzeuge im Programm, die Produktion kletterte auf 122.446 Exemplare, wobei die Hälfte auf den Universal Jeep CJ entfiel.

1961 sah noch mehr Variationen, insgesamt 31. Einer der Neukömlinge war der Fleetvan, ähnlich dem Fahrzeug für die Post. Getrieben vom wechselgesteuerten Vierzylinder, bot der Fleetvan für seinen kurzen Radstand einen großen Laderaum, er war noch nicht einmal vier Meter lang. Der Fleetvan kostete 2380 Dollar, 166 weniger als der vergleichbare Chevrolet Walk-In Delivery.

Die Kaiser-Jeep Corporation stand schon in enger Verbindung mit der Post, die mit der neuen CJ-Version noch enger werden sollte. Als DJ-3A Dispatcher bekannt, erschien diese Ausführung 1956. Es handelte sich um ein sehr nacktes Fahrzeug mit Zweiradantrieb, getrieben von dem alten seitengesteuerten Vierzylinder, und es war in drei Versionen erhältlich: Basic, Canvas Top und Hardtop. Die Preise fingen bei 1205 Dollar an,

***Brooks Stevens brauchte nicht lange, um den Forward Control Kleinlastwagen in etwas ganz anderes zu verwandeln. Das Tonmodell (links oben) zeigt einensechstürigen Minibuss. Die Idee erreichte das Prototypenstadium (links mitte) und nannte sich Commuter. Später wurden diese Fotos retuschiert und zeigten einen Pickup (links unten).***

***Brooks Stevens spielte auch mit dem Dispatcher herum. Ein Modell nannte er Sportif (rechts oben). Es hatte kürzeren Radstand und ein Reserverad am Heck. Der 100 Dispatcher kam in drei Varianten und erreichte das Prototypenstadium: als Hardtop, Cabrio und Vollkarosserie mit Rücksitz.***

Adelman
Associates

100 Dispatcher

*Eine interessante Option für den FC-170 stellten die hinteren Zwillingsräder dar (links oben). Er verkaufte sich nicht gut, obwohl die Doppelbereifung und die kräftigere Federung die Nutzlast erheblich erhöhten. Der FC-170 Pickup (links unten) kostete 1960 2858 Dollar. In den frühen Fünfzigern sank die Produktion des FC-150 (rechts oben links) in dem Maße, wie sich die des FC-170 erhöhte. Im Segment der Kleinlastwagen waren aber die Jeep-Zahlen nicht mehr als ein Tropfen im Meer. Solange der CJ-5 gebaut wurde, sorgte der Hersteller für viele sinnvolle Anbauteile, wie Schneepflüge (ganz rechts oben). Tankstellen, kleine Reparaturbetriebe und Farmer waren die Abnehmer. Ende 1959 präsentierte Brooks Stevens (rechts unten) einen optisch getunten Utility Wagon, den Harlequin.*

410 Dollar weniger als der CJ-3B, der billigste der allradgetriebenen Jeeps. Das Hardtop-Modell, Vorgänger der späteren Post-Jeeps, hatte ein Dach aus Kunststoff und Schiebetüren.

Als Freizeitfahrzeuge folgten unendliche Variationen der offenen DJ. Der bekannteste war der Gala, ausgestattet mit einem Sonnendach mit Fransen und in grellen Farben lackiert. Las Breezeways Hotel in Acapulco kaufte eine ganze Flotte von Galas, alle in Rosa und Weiß. Wie der Motorjournalist John Gunnell richtig bemerkte, symbolisierten diese Autos einen Sinneswandel: Man begann, den Jeep mit anderen Augen zu betrachten.

Der CJ-6, 1956 vorgestellt, hatte einen fünf Zentimeter längeren Radstand als der CJ-5 und gewann dadurch mehr

MEYER SNOW PLOWS
Husky
New, high performance, professional
MEYER SNOW PLOWS
The rugged, heavy-duty HUSKYS are here! 'Jeep' owners can now have a 6½ or 7½ foot snow plow designed to meet the professional's need for brawn and speed . . . the HUSKYS will move more snow, faster than any other plow in the world.
Built to withstand the most demanding use, the HUSKY Snow Plows have higher, more heavily reinforced moldboards with larger sectors, heavy-duty A-Frames and added trip springs for greater load capacities. The combination of these features provides 'Jeep' vehicle owners with the greatest snow clearing capacity ever.
The HUSKY line of Meyer Snow Plows has proved its ruggedness and dependability in extensive product performance tests conducted in Michigan and upper New York State.
For maximum performance in big job snow clearing – make sure your next Meyer Snow Plow is a HUSKY!
SPECIAL
Jeep
EQUIPMENT

MOTEL

*Zweifellos vom erfolgreichen Gala von 1959 inspiriert, stellte Willys 1960 den Surrey vor (links). Er basierte auf den CJ, hatte aber einen Radstand von 2,3 Meter. Die Sitze waren mit ihrer I-Form ungewöhnlich angeordenet, auch die Anzahl der Türen (fünf) sprengte das Schema des Üblichen. Ein früher Vorschlag, der Resorter, (links unten) hatte keinen Rücksitz, aber zwei Türen auf jeder Seite. Man beachte die hintere Dachsäule, sicherlich nicht sicherheitsfördernd.*

*Willys Motors wollte den Erfolg der Station Wagon mit einem ähnlichen Modell, das auf dem CJ-5 basierte, wiederholen (rechts oben). Der Entwurf wurde 1960 vorgestellt und zeigt viele Details des größeren Kombis. Das Dach hatte eine ähnliche Prägung, die Kotflügellippen hinten waren gleich und die C-Säulen standen im gleichen Winkel. Willys wollte auch dem großen Wagon (rechts Mitte) ein entsprechendes Design verpassen, aber das Geld floß wahrscheinlich in den geplanten Wagoneer. Trotz chronisch schwacher Kapitaldecke bei Willys arbeitete Stevens unermüdlich weiter. Er zeichnete eine neue Fahrerkabine für die FC-Kleintrucks (rechts unten), 1960 im vierten Jahr unverändert.*

Innenraum und Ladefläche. Bis auf den Radstand war der CJ-6 mit dem CJ-5 identisch, abgesehen von weicheren Federn hinten. Der CJ-6 konnte sich aber auf dem amerikanischen Markt nicht behaupten, die meisten wurden exportiert. Einige Exemplare hatten den Perkins Diesel-Motor unter der Haube, eine Option, die wahrscheinlich für alle Universal Jeeps lieferbar war, aber so gut wie nie wahrgenommen wurde. Von den wenigen in den USA verbliebenen rüstete man einige als Feuerwehrwagen und für die Landwirtschaft um. Der Produktionsrekord wurde 1966 aufgestellt, damals rollten 3521 CJ-6 vom Band.

CJ-3B und CJ-5 liefen unverändert bis 1961 weiter. In dem Jahr erschien das fast luxuriöse Modell Tuxedo Park. Es handelte sich um einen modifizierten CJ-5 mit verchromter Motorhaube, Spiegelhaltern, Weißwandreifen und Reserveradhülle. Tuxedo Park war bis 1964 als Option erhältlich und fand danach eine festen Platz im Modellprogramm.

Während dieser Zeit wurden weder die Wagons noch die Trucks besonders

*Das IVI-Programm (International Vehicle Investigation) war ein Lieblingsprojekt von Henry Kaiser. Die Arbeit wurde zum Teil staatlich finanziert, Ziel war, ein billiges Fahrzeug für die Produktion in der Dritten Welt zu entwickeln. Darunter befanden sich ein Militärtransporter (oben links) und ein Pickup mit Verdeck (links unten).*

*Wagon und Trucks schafften ohne große Veränderungen den Sprung von den Fünfzigern in die Sechziger. Die einteilige Windschutzscheibe kam 1960. Um ihn am Leben zu erhalten, klebte Willys immer wieder neue Dekorstreifen daran. Der CJ-5 (rechts Mitte und unten) ging in die Sechziger ohne größere Modifikationen, der Verkauf stieg aber ständig und kletterte 1960 auf 19.573 Stück. Kaiser Industries war in Südamerika sehr aktiv und baute in Brasilien Kaiser Pkw und Jeeps. JA-2PA/B (unten ganz rechts) wurden in Argentinien in den frühen Sechzigern gebaut. Er unterschied sich unter anderem in der zweiteiligen Frontscheibe.*

*Da der Wagon jetzt ohne nennenswerte Änderungen auf den fünfzehnten Geburtstag zuging, präsentierte Jeep verschiedene Variationen des Jeep Universal. »Back Hoe« und »Digger« (links unten) waren zwei populäre Umbauten, die aber beide eine Hydraulikpumpe benötigten. »Gala« erschien 1959 und war ein zwei- oder allradgetriebener CJ-3B (oben) mit Fransen-Verdeck in Rosa und Weiß. Jeep warb für ihn als billiger Lieferwagen und meinte, er wäre ideal für »lässige Geschäfte und unterhaltsame Transporte«. 1960 änderte Jeep den Namen in »Surrey« und stellte auch zwei neue Lackierungen vor - Cerulean Blue und Fountain Green. Sie wurden überwiegend von Hotels und Freizeitzentren gekauft. Las Brisas in Acapulco hatte einen ganzen Fuhrpark davon. Bei manchen fehlten die Seitengardinen an der Karosserie und andere hatten eine Persenning über dem Reserverad.*

*Während des Kalten Krieges suchte die Army eine Alternative zum ehrwürdigen M38. Ford erhielt 1951 den Zuschlag und präsentierte etwa ein Jahr später den ersten Prototyp. Die Serienherstellung lief 1959 an. Das Resultat nannte sich M151, zivil als A-1 MUTT bekannt. Durch die Einzelradaufhängung entwickelte er eine fatale Neigung zum Überschlag, 1968 folgte deswegen eine Ausführung mit Pendelachse hinten. Im Vergleich zum M38 bot der M151 bedeutend mehr Platz. Der Vierzylinder-Motor war wasserdicht und die ganze Elektrik versiegelt (links unten). Sein Bruttogewicht betrug 1260 Kilo. Noch 1989 verwendeten ihn die amerikanischen Streitkräfte. Der M151 wurde zu verschiedenen Zeiten von Ford, Kaiser-Jeep und AM General gebaut.*

modifiziert. Der Vierzylinder Utility Wagon verschwand 1959, kam aber im folgenden Jahr unter dem Namen Maverick Special zurück. (Der Name stammte von dem von Kaiser gesponserten Fernseh-Western »Maverick« mit James Garner in der Hauptrolle.) Wieder kam der wechselgesteuerte Vierzylinder zum Einsatz, der altbekannte Borg-Warner Overdrive war gegen Aufpreis erhältlich. Der Preis betrug 1995 Dollar, frei Toledo, mehrere hundert Dollar weniger als ein großer Kombi anderer amerikanischer Hersteller.

1960 fand ein Versuch statt, das Styling aufzubessern. Die Karosserieflanken bekamen eine andere Form, zusätzlich wurden acht Zweiton-Lackierungen angeboten. Vinyl-Sitzbezüge und neue Bodenteppiche gehörten zur Serien-

003
MVPA 10830

# Der Jeepster aus Brasilien

Viele wissen es nicht, aber die Geschichte des Jeepsters erfuhr später eine Fortsetzung, leider nicht mehr als eine kleine Fußnote in der Jeep-Historie. Als Ende der 50er bei Willys do Brasil die Aero-Willys entstanden, sollte Brooks Stevens das Design ändern. Auf dem Pariser Salon wurde im Oktober 1962 der Willys 2600 vorgestellt. Das Modell erhielt so gute Kritiken, daß Stevens den Auftrag bekam, auch dem Jeepster einen Facelift zu verpassen.

Der Prototyp war eine Schönheit, und wie Robert Ackerson schrieb: »Der Enthusiasmus war groß und bei den Vorbereitungen für seine Serienproduktion wurde der Name in Saci geändert. In der südamerikanischen Folklore ist der Saci ein netter, kleiner Kobold. Dieser Saci konnte aber die Hürden von Kapital, Arbeit und Geld nicht überwinden. Es gab für den Saci einfach nicht genug Kapazität im brasilianischen Werk. Vielleicht war die Entscheidung falsch, da der Saci auch bei der ersten internationellen Automobilausstellung in Sao Paolo für Aufregung sorgte.«

Wir werden es nie wissen, das Projekt wurde stillgelegt. Brooks Stevens fragt sich noch heute, wo der schmucke Prototyp wohl abgeblieben sein mag.

*»Willys do Brasil« baute 1960 Jeepsters und Station Wagon, Rural genannt, in Zwei- und Allradausführung. Die einzigartige Front stammte von Brooks Stevens. Genau wie in den USA operierte die Werbung mit Themen wie »Ein Auto für das Volk« oder »Der Kumpel für jede Aufgabe«. Zuhause in Toledo produzierte Kaiser neben dem CJ-5 auch den M151.*

*Eigentlich war 1962 das letzte Produktionsjahr für Willys Utility Wagon. Der Maverick Special mit Zweiradantrieb (links und rechts) erschien mit neuem Dekor; Kaiser hatte den Fernsehwestern Maverick gesponsert, daher der Name. Wieder kam der wechselgesteuerte Vierzylinder zum Einsatz und der Wagen kostete 1995 Dollar. Später im gleichen Jahr gab es auf Wunsch auch den ohc-Sechszylinder Tornado, jenen Motor, der 1963 den neuen Wagoneer treiben sollte.*

ausstattung. Die zweiteilige Front- und Heckscheibe wurden durch einteilige ersetzt. Serie waren jetzt auch die Weißwandreifen (»Captive Air«, so lautete deren Bezeichnung).

Der Modellname Maverick verschwand 1961, der Wagen blieb aber unverändert im Programm. *Motor Trend* fand ihn so konventionell, daß er »alte Erinnerungen hervorrufe«. Aus unerklärlichem Grund hatte man die Lenkung aber anders übersetzt, jetzt waren sechs volle Umdrehungen von Anschlag zu Anschlag nötig. Mehr am Volant kurbeln mußte man 1961 bei kaum einem anderen Auto oder Pickup: »Das ist natürlich sehr schlecht beim Rangieren auf einem schön geteerten Parkplatz, hat aber im Gelände Vorteile...«

# Die kleine Kusine: Mighty Mite

*Entwickelt bei der Special Products Division von Hudson Motor Company, war der M442 Mighty Mite eine Schrumpfausgabe des Weltkriegs-II-Jeeps.*

Die Zeitschrift *Cars* bezeichnete 1953 den kleinen Mighty Mite als den Nachfolger des Jeeps. Das wurde er allerdings nicht und es gibt gute Gründe dafür, auch wenn der Kleine doch einen näheren Blick wert ist. Die offizielle Bezeichnung lautete »Truck, Utility, 1/4-Ton, 4X4, Lightweight«.

Der Mite wurde von der Special Products Division der Hudson Motor Car entwickelt, gerade in den Jahren, bevor Hudson mit Nash fusionierte und unter American Motors firmierte. Wie der Name andeutet, war der Mite viel kleiner und leichter als der Jeep. Sein Vater war Ben Gregory von der Mid-America Research Corporation, sein Geburtspaß das Lastenheft des US Marine Corps. Die Marines wollten ein Fahrzeug mit Allradantrieb, das mindestens 400 Kilo leichter als der Jeep war und trotzdem die gleichen Aufgaben erledigen konnte. Damals kamen gerade die Frachthubschrauber auf, weshalb ein solches Auto sehr viel Sinn machte, besonders im Dschungel.

Der Mite hatte viele intelligente Lösungen aufzuweisen. Mit 25 Zentimeter kürzerem Radstand als der Jeep hatte der Prototyp doch fast die gleiche Ladekapazität; Haube, Kotflügel und Seitenteile bestanden aus Alublechen und trugen so zur Gewichtseinsparung bei. Der leichte Motor war luftgekühlt, was ebenfalls Gewicht sparte.

Der erste Prototyp hatte einen 44 PS starken Porsche Vierzylinder-Boxer, wahrscheinlich weil er gerade erhältlich war. Von Anfang an war allerdings klar, daß die Serienausführung einen amerikanischen V4 haben sollte, was auch geschah. *Popular Science* testete einen frühen Prototyp und fand seine Fahreigenschaften besser als beim Jeep. Und außerdem bewältigte er auch 87prozentige Steigungen.

Obwohl Prototypen schon Mitte 1953 liefen, begann die Produktion erst im Januar 1960, allerdings mit amerikanischem 55 PS-V4 aus American Motors eigener Produktion. Das frühere Dreiganggetriebe mit zweifacher Achsenübersetzung wurde von einem einfachen Vierganggetriebe mit Synchronisierung für die oberen drei Gänge ersetzt. Der erste Gang war sehr kurz übersetzt (5,24:1), ein echter Kriechgang. Sperrdifferentiale vorn und hinten gaben eine hervorragende Bodenhaftung, rundum federten einzelne Radaufhängungen. Die viertelelliptischen Federn waren längsliegend, die Gefahr eines Überschlags war gebannt.

Da der Mighty Mite in erster Linie für den Einsatz

im Dschungel konstruiert war, hatte er Schnorchel in Scheibenhöhe für Ansaugluft und Auspuff. Der Fahrer konnte bis zum Hals im Wasser sitzen, das Auto fuhr aber immer noch.

Trotz der früheren Erwartungen - und seiner unbestrittenen Vorteile in Gewicht, Handling und Komfort - sollte er nie den Jeep ersetzen. In drei Jahre, bis Januar 1963, wurden nur 3922 Stück gebaut. Wahrscheinlich war die Aluverkleidung weniger robust als eine aus Stahl. Der größte Nachteil war jedoch sein Preis. Mit 5200 Dollar kostete er fast dreimal so viel wie der gewöhnliche Jeep.

Nur wenige Mighty Mites verirren sich heute auf Offroad-Treffen. Nur geringe Stückzahlen sind gebaut worden, und die wenigen gingen samt und sonders an die Marine. In einem Memorandum von American Motors hieß es: »Bei der Entwicklung und Herstellung wurde keine Rücksicht auf die kommerzielle Vermarktung genommen... Als die Herstellung ausgelaufen war, bestellte das Marine Corps Ersatzteile für die geschätzte Lebensdauer. Nach der Auslieferung dieser Teile wurde American Motors aufgefordert, sämtliche Werkzeugmaschinen zu vernichten, da diese als Regierungsbesitz angesehen wurden. Nachdem der Auftrag ausgeführt war, endete auch die Verpflichtung von American Motors gegenüber der amerikanischen Regierung. (Eine Verpflichtung gegenüber der Öffentlichkeit hat das Unternehmen nie gehabt.)«

Es gab also keine Ersatzteilquellen mehr, auch keine Handbücher für diejenigen, die einen gebrauchten Mite aus Restbeständen gekauft hatten.

Wenn American Motors mit Anfragen nach Teilen und Literatur konfrontiert wurde, zeigte man die Kalte Schulter. Ein Sprecher erklärte, daß sämtliche Mighty Mite und ihre Teile ausschließlich für die Marine hergestellt worden seien. Das US Marine Corps habe auch selber die gesamte Literatur erstellt. Er fügte hinzu: »Wir sagen den Käufern von Mighty Mites, daß sie einfach zwei kaufen sollen, sofern sie sich wegen der Teileversorgung Gedanken machen.«

Schade nur, daß dadurch die Renovierung und der Besitz dieser kleinen Autos so schwierig geworden ist. Der Mighty Mite war - und ist - ein beeindruckendes Fahrzeug und deswegen für Sammler von Allrad- und Militärfahrzeugen besonders interessant.

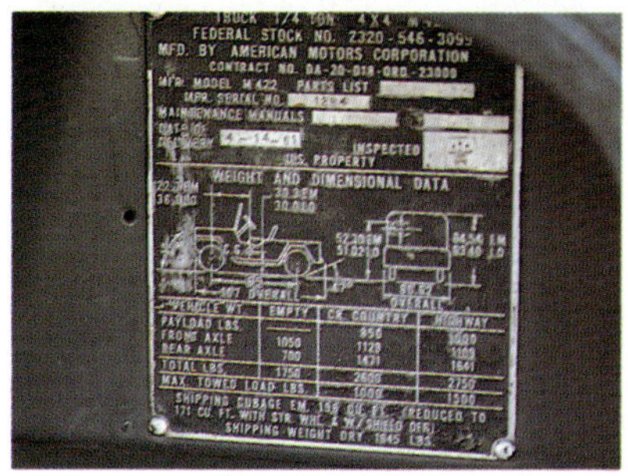


*Trotz des 25 Zentimeter kürzeren Radstands hatte der Mite doch etwa die gleiche Ladekapazität. Der Motor, ein V4 mit 55 PS stammte von AMC. Die längere Version 422 A 1 hatte einen 15 Zentimeter längeren Radstand.*

In punkto Leistung hinkte der alte Vierzylinder aber hoffnungslos hinterher. Von Null auf 60 Meilen (96 km/h) brauchte der Wagen gemütliche 26,6 Sekunden, was die meisten Journalisten als Zumutung empfand. Zum Glück gab es wahlweise den Sechszylinder.

Der Jeep Utility Wagon (der ehemalige Station Wagon) wurde noch 1965 in Zwei- und Allradausführung gebaut, aber bereits 1963 waren die Produktionszahlen kaum der Rede wert gewesen. 1962 bot die Modellreihe eine weiter Motoralternative, den sehr ausgewogenen 140 PS Kaiser-Jeep-Sechszylinder mit obenliegender Nockenwelle. 17 Jahre waren für ein amerikanisches Auto schon fast rekordverdächtig.

*Der CJ-5 erschien auch 1962 unverändert (links), neu war aber der Hardtop »Parade Blue Convertible Top Accessory Kit« für 130.20 Dollar. Zum ersten Mal war das Hardtop mit einem Schutzlack versiegelt. Das Zubehörprogramm Tuxedo Park kam 1961. Dazu gehörte viel Chrom: Scharniere für die Haube, Spiegelbefestigungen und Stoßstangen, aber auch einige andere glänzende Details. Der M151 (unten) wurde in Toledo weitergebaut, später auch unter Regie von AMC. Den Militär-Jeep baute dann AM General, ein Tochterunternehmen.*

KAPITEL 7

# Geburt eines Klassikers: 1963 - 1969

Zwischen dem Jeep Wagoneer aus dem Jahre 1963 und einem 30 Jahren jüngeren Modell gibt es kaum Unterschiede. Als der Wagoneer 1993 aus dem Programm verschwand, hatte er 29 Jahre Dienst hinter sich. Die Konstruktion war so vernünftig, daß sie den Markt für Allradfahrzeuge neu definierte.

Bei der Einführung war er ein ganz neues Konzept. Jim Wright, Technik-Redakteur bei *Motor Trend* wußte worum es ging: »Bis jetzt hat Willys rein funktionelle Nutzautos gebaut. Mit dem neuen Wagoneer kommt eine neue Dimension. Bis jetzt mußten die unzähligen Allrad-Enthusiasten zwei Autos in die Garage stellen. Mit dem neuen Wagoneer ist der Zweitwagen nicht mehr nötig.«

Im Gegensatz zu den früheren Station Wagons von Jeep sah der Wagoneer mehr wie ein ganz normaler Kombi aus. Er hatte, im Vergleich zum Vorgänger »mehr Leistung, mehr Luxus und zehnmal so viel Komfort«.

Der Radstand war auf 2,8 Meter gewachsen (die Wagon Vorgänger hatten 2,65), die Gesamtlänge betrug 4,6 Meter, mithin 25 Zentimeter mehr als der Wagon. Der Wagoneer war in jeder Hinsicht schöner und mehr Auto-ähnlicher. Der bekannte, viereckige Kühlergrill und die eckigen Linien der Karosserie ließen jedoch keine Zweifel über seine Abstammung aufkommen.

Platz gab es genug. Mit offener Ladeklappe ließen sich 2,8 Meter lange Gegenstände transportieren. Die Bodenbreite betrug beachtliche 1,4 Meter und die hintere Luke war ein Meter hoch. Der ganze Raum konnte voll ausgenutzt werden.

Wie beim früheren Jeep Station Wagon hatte der Wagoneer entweder zwei oder vier angetriebene Räder, wobei letzteres natürlich sein ganz großes Plus darstellten. Das erste Modell wies außerdem einige Details auf, die bis jetzt bei Allradfahrzeugen nicht vorgekommen waren: Einzelradaufhängung vorn und Automatikgetriebe, beides gegen Aufpreis erhältlich. Für Vortrieb sorgte der nagelneue Sechszylinder-Motor, damals der einzige in den USA mit obenliegender Nockenwelle.

Zwei Dekoralternativen standen zur Wahl, Standard und Custom, letztere zum Aufpreis von 194 Dollar. Keine der Ausführungen war billig, auch wenn es sich heute so anhört. Der billigste - zweitüriger Standard mit Zweiradantrieb - kostete 2546 Dollar frei Werk, 451 Dollar mehr als der letzte Wagon von 1962. Der teuerste, der viertürige Allrad-Custom, kostete 3526 Dollar, plus Zubehör. *Motor Trend* hatte ein Nobelfahrzeug im Test, ausgestattet mit Automatikgetriebe, Spezialfederung vorn, Servolenkung, Servobremse, Freilaufnaben, elektrischen Scheibenwischern, Heizung und Radio. Das Auto kostete in dieser Ausführung 4479 Dollar, 643 mehr als ein Buick Invicta. Der Wagoneer konnte aber dorthin gelangen, wo der Buick nie hinkam. In keiner Weise konnten die Vorgänger sich mit dem neuen Wagoneer vergleichen.

*Der M170, die Militärversion des CJ-6, (rechts) hatte verschiedene Karosserien, er war unter anderem als leichter Truppentransporter mit Platz für sechs Personen lieferbar. Der Motor war immer noch der Go-Devil, aber entsprechend abgedichtet (rechts unten). Eine interessante Ausstattung für die Marine waren die Haken für die Fallschirme, einer an jeder Seite beider Stoßstangen. Entweder konnte dann der Jeep per Fallschirm aus einem Flugzeug abgeworfen oder per Hubschrauber transportiert werden.*

317825
PEN
HCB
TP 25
TP 25
- CAUTION -
DO NOT OVERFILL
ALLOW FOR EXPANSION

PEN
HCB

Neu zu der Zeit waren auch die Leistungsangaben in der Werbung. Willys gab sie in Nettowerten an. Die 140 PS waren vergleichbar mit den 155 (Brutto-PS) anderer Hersteller. Zur gleichen Zeit hatte der Chevrolet Sechszylinder mit 230 Kubik-Zoll Hubraum (3,75 Liter, also gleich groß wie der Willys), ebenfalls 140 PS, allerdings an der Kurbelwelle gemessen: Brutto-SAE-PS.

Der Motor mit seiner obenliegenden Nockenwelle war von A.C. »Sammy« Sampietro konstruiert worden, Chefingenieur bei Willys seit Barney Roos 1954 in den Ruhestand gegangen war. Sportwagen-Kennern ist der Name des ausgewanderten Italieners bekannt; bei mehreren Projekten hatte er mit Donald Healey gearbeitet und einmal half er Nash-Healey bei den Le Mans-Vorbereitungen. Sammy gelang es, aus dem veralteten Nash Ambassador Six statt 140 satte 189 PS herauszukitzeln. Später spielte er eine wichtige Rolle bei der Entwicklung des ersten Austin-Healey.

Die Basis des neuen Motors bildete der seitengesteuerte 2,7-Liter-Motor der Kaiser- und Frazer-Autos zwischen 1946 und 1955. Seine Wurzeln reichten in die Vorkriegszeit zurück, wo der Continental Six die Graham-Modelle beflügelte. Als Jeep 1953 von Kaiser aufgekauft wurde, kam er sozusagen mit ins Haus. Bevor Sampietro seinen Zauberstab schwenkte, lieferte er nur 115 PS, nicht genug für Wagoneer.

Sampietro griff auf eine kettengetriebene Nockenwelle im Zylinderkopf mit schräghängenden Ventilen zurück. Die Brennräume waren halbrund, eine Idee, die unter den Amerikanern Chrysler zuerst verwirklicht hatte.

Die Kipphebel aus gepreßtem Stahl ähnelten denen des Chevrolet V8. Die obenliegende Nockenwelle machte die Stoßstangen überflüssig und verringerte den Ventillärm. Der Journalist John Bond monierte eine gewisse Geräusch-

*Erst 1963 hatte Kaiser Jeep etwas ganz Neues zu bieten, den nagelneuen Wagoneer (links). Die Werbung war intelligent und unterstrich die Ähnlichkeit zu anderen großen Pkw, aber mit einem Hinweis auf jene Sicherheit, die der Allradantrieb bot. Kaiser rührte genauso begeistert die Werbetrommel wegen des ohc-Sechszylinders und des Automatikgetriebes.*

*Der alte Station Wagon, jetzt Utility Wagon genannt (rechts), blieb weitere zwei Jahre im Programm. Interessant war der wahlweise erhältliche ohc-Motor (rechts unten). Es gab ihn schon 1962 für den Utility Wagon, bevor er in den neuen Wagoneer kam. Der Motor hatte aber wenig Einfluß auf den Verkauf und als der Wagoneer kam, fand er kaum Erwähnung.*

923·094

923·094A

entwicklung im Ventiltrieb, der sich aber schnell beruhige, sobald sich der entsprechende Öldruck aufgebaut habe.

Da der ohc-Motor höhere Drehzahlen verkraftete, wurde die Kurbelwelle speziell beschichtet. Das Metall wurde in einem Salpeterbad behandelt - »Tufftriding« nannte man das damals.

Das Drehmoment war genauso beeindruckend wie die Leistung. Danny Collins schrieb in *Auto Topics*: »Der ohc-Motor zieht Autos aus Detroit davon, besonders auf Bergstraßen, Autos mit höher angegebenen Leistungzahlen und weniger Gewicht. Der Motor läuft sanft und leise und arbeitet wie eine Turbine.«

Trotz aller guten Kritiken wegen seiner Laufkultur fanden einige Kritiker doch etwas an der Geräuschkulisse auszusetzen. John Bond schrieb in *Car Life*: »Auf der Landstraße arbeitet der Motor einigermaßen leise, wir dürfen aber nicht vergessen, daß es ein Truck-Motor ist, nicht so leise wie der moderne V8 in einem Pkw. Bei Geschwindigkeiten über 60 Meilen oder beim Beschleunigen ist er auch nicht so sanft wie die meisten Sechszylinder.« Trotzdem fand Bond den Tornado-Motor in allen Bereichen sehr robust und besonders bei niedrigen Drehzahlen sehr stark. Das höchste Drehmoment lag bei 1750 Umdrehungen an.

Auch Jim Wright vom *Motor Trend* war vom Motor begeistert und mutmaßte, daß auch bald andere Hersteller Interesse an diesen einzigen ohc-Motor Amerikas zeigen würden.

»Neben dem Motor«, schrieb er weiter, »ist die größte Neuerung die Einzelradaufhängung vorn, Mercedes nicht unähnlich. Im Prinzip handelt es sich dabei um eine Pendelachse.«

Statt auf Schraubfedern ruhte das Chassis auf Torsionsstäben. Der Grund dafür war eigentlich nur Platzmangel vorn. Diese Einzelradaufhängung ernte-

*Die Einführung des Wagoneer begleitete viele Werbeaktionen. Wie bei den anderen Produkten betonte Kaiser den Nutzwert, aber diesmal in sehr bunten Farben. Wohnaufsatz und Schneepflug (links) wurden in Anzeigen und auf Postkarten als »der bequeme Weg in die Wildnis« angepriesen.*

*Von Anfang an arbeiteten Designer und Konstrukteure sowohl an einer zwei- wie auch einer viertürigen Ausführung (rechts oben), ebenso wie am Pickup. Ein Tonmodell aus den frühen Sechzigern weist schon die richtige Front auf, auch wenn Details fehlen. Kühleremblem, Blinker, Stoßstange und Scheinwerfer änderten sich vor der Serienproduktion. Die Pickup-Ausführung ging als Gladiator (rechts unten) in den Verkauf. Sie schlug sich mit Zwei- und Allradantrieb sowie Radständen von 305 und 320 Zentimetern sehr wacker.*

Jeep
G88-481

te überall Lob und die 135 Dollar extra waren, so die Berichterstatter, gut angelegtes Geld. John Bond: »Den Fahrkomfort finden wir außergewöhnlich. Sicherlich strammer als bei üblichen Personenwagen aber dafür um so besser. Es gibt hier nichts von einem Truck, und wo andere Autos vielleicht schwimmen oder springen, fährt der Wagoneer ruhig darüber.«

Wenn auch Sampietros Rennerfahrung bei der Konstruktion von Radaufhängung und Motor Pate gestanden hatte, so war es doch die Kombination von Allradantrieb und Automatikgetriebe, die die Käufer begeisterte. Anfangs herrschte zwar die Meinung, eine Automatik passe nicht zum Macho-Image des Geländewagens. Die Kombination funktionerte jedoch so gut, daß zum Schluß auch die hartnäckigsten Kritiker verstummten.

Die Dreigang-Automatik von Borg-Warner mit Drehmomentwandler und Vorgelege (2,03:1) ähnelte dem der V8 von Studebaker und Rambler. Verglichen mit früheren Willys-Konstruktionen arbeitete das Verteilergetriebe sehr leise. Früher wurde es einfach an das Getriebe angeflanscht, die Kraftübertragung erfolgte seitlich über drei Zahnräder. Das Antriebsrad lag auf einer Linie mit der Kurbelwelle des Motors, dann folgte ein Zwischenrad und schließlich das angetriebene Rad. Dieses dritte Rad verteilte das Drehmoment auf Vorder- und Hinterachse zugleich. Wer in einem Jeep gefahren ist, weiß, daß die Getrieberäder einen in den Wahnsinn treiben können.

Beim Wagoneer erfolgte der Antrieb der Hinterachse direkt vom Getriebe aus, was ihn beim Zweiradantrieb wie jedes normale Auto agieren läßt. Nur beim Vierradantrieb ist das Wimmern der Antriebsräder zu hören.

An sich sind diese Lösungen nichts Besonderes, aber Willys machte endlich

*Die Verkaufsliteratur verlieh dem Wagoneer (links oben) eine fast exklusive Ausstrahlung, der Einsatz blieb aber im Nutzbereich. Obwohl der Forward Control bald eingestellt wurde, entdeckte Kaiser für den Jeep-Truck immer neue Verwendungszwecke.*

*Die fünf Modelle (oben rechts) sind nicht das ganze Programm. Kaiser Jeep hatte 1964 nicht weniger als 53 verschiedene Modelle im Programm. (Dazu zählen aber auch verschiedene Alternativen von selbständigen Karosserie-Lieferanten.) Tuxedo Park, bis jetzt eine Ausstattungsalternative für CJ-5 und CJ-6, wurde 1964 zu einem eigenen Modell: Mit viel Chrom, verstellbarem Fahrersitz und Schalthebel für das Automatikgetriebe an der Lenksäule. Für die Antrittsparade des neuen US-Präsidenten am 20. Januar 1965 wurde jeder Wagen im Festumzug von einem CJ gezogen. Kaiser Jeep nutzte die Gelegenheit für Eigenwerbung weidlich aus (rechts unten). Auch der Pickup Gladiator machte sich auf dem Exportmarkt gut. Viele Exemplare wurden für Rechtssteuerung umgebaut (rechts unten rechts).*

DUNLOP

Another Load of 'Jeep' Vehicles for the
PRESIDENTIAL INAUGURAL PARADE

Schluß mit dem lauten Getriebe. Außerdem war es das erste Mal, daß ein Automatikgetriebe bei einem Allradantrieb eingesetzt wurde.

Die Automatik gab es nur gegen Aufpreis, Serie war ein manuelles Dreiganggetriebe, mit vier Gängen wieder als Option. Die zweiradgetriebenen Modelle hatten außerdem einen Overdrive auf der Zubehörliste.

Verzögert wurde über hydraulische Trommelbremsen mit Gußeisentrommeln an allen vier Rädern. Die Belagfläche scheint etwas knapp gewesen zu sein, Jim Wright beschwerte sich über nachlassende Wirkung nach mehreren harten Bremsungen. Und wenn die Bremse richtig heiß war, tendierte sie dazu, schlagartig zu blockieren. *Auto Topics* empfahl einen Bremskraftverstärker (den es als Zubehör gab); der Testwagen war allerdings nicht damit ausgestattet.

Eine interessante und seltene Version war der Panel Delivery. Er basierte auf dem Wagoneer, hatte aber keine Seitenscheiben. Das Chassis stammte unverändert vom Personenwagen. Der attraktive Lieferwagen wurde mehrere Jahre gebaut, aber nur in geringen Stückzahlen.

Der Wagoneer war in jeder Hinsicht ein großer Wurf und verkaufte sich von Anfang an auch dementsprechend gut. Die Testmannschaft von *Motor Trend* beschwerte sich, da jedes Auto schon verkauft war und es eine Weile dauerte, bevor ein Testauto zu haben war. Und dann nur für kurze Zeit, da auch dieses bereits verkauft war.

Nach und nach kamen aber Schwächen zum Vorschein, die einige konstruktive Änderungen hervorriefen.

Der schnelle Erfolg überraschte sogar seine Erbauer, Autos mit Allradantrieb wurden langsam salonfähig. Der Motor basierte bekanntlich auf einer Lkw-Konstruktion, Besitzer fanden bald heraus, daß längere Fahrten bei hoher

*Ende 1965 bot Kaiser Jeep den Dauntless V6 für ihre CJ-Modelle an (links). Der Motor stammte vom General Motors Alu-V8 ab und hatte 3,7 Liter Hubraum. Er lieferte 155 PS bei 4400/min und 350 Newtonmeter bei 2400/min. Erstenmals trieb ein Sechszylinder den CJ. Es war außerdem das erste Mal, daß eine andere Antriebsquelle als der Go-Devil einen Universal Jeep antrieb.*

*Jeep hatte mit dem FC auf dem zivilen Markt wenig Glück, aber das Militär konnte ihn überall verwenden. Der Pickup mit Aufsatz und vier Türen sowie auch der Krankenwagen (rechts oben) basierten auf dem FC-170. Sie hatten Allradantrieb, konnten 7000 Pfund (oder etwa 3500 Kilo) laden und wurden von einem Cerlist-Diesel getrieben. Auch Wagoneer und Gladiator hatten 1965 Neues zu bieten: Sie waren die ersten Jeep mit V8-Motoren. Der Vigilante V8 lieferte 250 PS und 470 Newtonmeter (unten ganz rechts). Wie so viele andere Motoren von Jeep basierte er auf dem obengesteuerten Nash Ambassador von 1956. Jeep bot auch einen obengesteuerten V6 an (rechts, unten links) als Alternative zu dem lauten und etwas unzuverlässigen ohc-Motor an, den Sampietro entwickelt hatte.*

U.S. NAVY
94-47620

JEEP

Round STEAK
69¢
Sirloin STEAK
89¢
Fruit COCKTAIL
29¢
BEANS
CORN

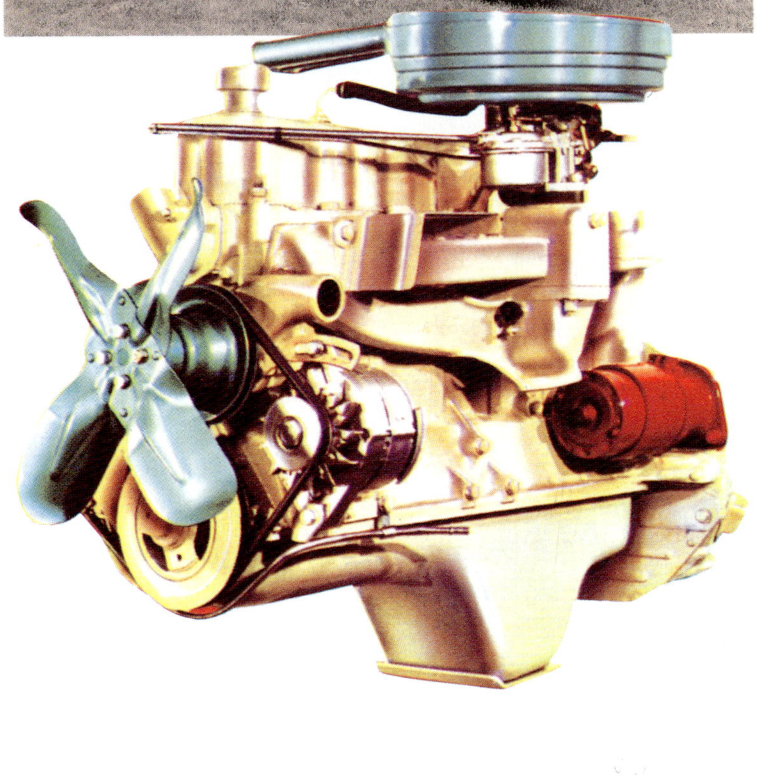

Geschwindigkeit nicht das Ideale waren. Und wir können sicher sein, daß Kaiser Industries nicht besonders froh waren, als sie die Herstellungskosten eines ohc-Motor erfuhren.

Sampietros Motor hatte, trotz seiner Qualitäten, einige unbestreitbare Nachteile. Wegen der Klopfneigung des Motors mußte 1964 die Verdichtung von 8,5:1 auf 7,5:1 zurückgenommen werden; die Leistung betrug 133 PS, bei 4000 Umdrehungen angegeben. Die Konstruktion war gesund, es gab aber Probleme mit der Umlaufschmierung. Sicherlich hätte Kaiser diese Probleme lösen können, fand es aber kostengünstiger, einen neuen Motor zu verwenden. Er erschien 1966 in Form des unspektakulären, siebenfach gelagerten AMC-Sechszylinders mit obenliegender Nokkenwelle.

Schon 1965 gab es eine kräftigere Alternative. Gegen 190.83 Dollar Aufpreis konnte der Käufer den 250 PS Vigilante-V8 mit 5,3 Liter Hubraum von American Motors ordern.

Mit dem Wechsel zum AMC-Aggregat tauschte Kaiser auch das Borg-Warner Getriebe gegen das Turbo-HydraMatic-Getriebe von General Motors. Es war eine potente Kombination, da der V8 470 Newtonmeter lieferte. Der Wagoneer beschleunigte von Null auf 100 etwa elf Prozent schneller als mit der ohc-Ausführung. Auf schnellen Landstraßen war er in seinem Element, und bei 145 km/h drehte der Motor lediglich 3800/min.

Für den dicken Geldbeutel gab es zwischen 1966 und 1968 den Super Wagoneer. Er war mit 2163 Dollar um 57 Prozent teuerer als der Custom, hatte aber neben dem V8 alles erdenkliche Zubehör: Air Conditioning, Automatik, Servobremse, Schalensitze (und luxuriöse Innenausstattung), ein verstellbares Lenkrad sowie ein Vinyldach. Mit mehr Luxus war bis jetzt niemand ins Gelände gefahren.

Inzwischen hatten sich auch Pro-

***Die Werbung spielte immer noch das Lied von den Plätzen, die der Wagoneer erreichen konnte, nur ging es nicht mehr immer um Bauplätze oder Farmgelände. Straßenszenen mit Matsch und Schnee (links) brachten einen neue Note.***

***Beim Gladiator zeichnete sich 1965 ein Generationswechsel ab; eine zweite Baureihe wurde vorgestellt. Zu den alten J-200 und J-300 (rechts oben und Mitte rechts) kamen die neuen J-2000 und J-3000 (Mitte links). Die neuen Modelle besaßen die gleichen V6 und V8 wie der Wagoneer aber auch ein Sicherheitspaket in Form von Polstern auf Sonnenblenden und Armaturenbrett, Sicherheitsgurte, Zweistufen-Scheibenwischer mit Waschanlage, Seitenspiegel, Blinker rundum, Sicherheits-Windschutzscheibe, Zweikreis-Bremsanlage und selbstnachstellende Bremsen. Kaiser Jeep stellte außerdem Ende 1965 den Super Wagoneer vor (rechts unten), laut Werbung »der eleganteste Allradwagen, der je gebaut wurde«.***

Phone
242-9581
KAISER 'Jeep' SALES CORPORATION
RETAIL BRANCH
2117 ADAMS ST.

WKBD
TELEVISION
KAISER
BROADCASTING
CHANNEL
50
DETROIT

4352

bleme mit Sampietros Vorderradfederung ergeben. Fahrverhalten und Komfort waren tadellos, aber im Gelände zeigte diese Auslegung (im Vergleich zu einer Starrachse) schnell Ermüdungserscheinungen. Zum Schluß ereilte auch die Federung das Schicksal des Motors. Für handfeste Erlebnisse in der Wildnis muß es nicht immer raffinierte Technik sein...

*Motor Trend* veröffentlichte 1965 einen Testbericht und lobte die neue Vorderradaufhängung wegen ihres Komforts: »Es ist ein großer Schritt für Ladies in engen Röcken, aber drinnen kann sich keiner beschweren. Die Sitze sind gut gepolstert, geben ausreichend Halt und bieten viel Platz.«

Der Testwagen wurde als ideales Familienauto bezeichnet, das auch im Gelände eine gute Figur abgab: »Kein Fahrzeug für sechs Insassen kam mit, sobald Schotter den Asphalt ablöste. Bei solchen Offroad-Touren kamen wir oft müde und verschwitzt zurück, kurz gesagt: geschlagen. Im Wagoneer fuhren wir fast 100 Meilen Gelände und kamen so frisch und munter zurück wie wir gestartet waren, dank Klimaanlage, Servobremse und Servolenkung.« Und weiter: »Die Beschleunigung war, beladen oder unbeladen, mehr als angemessen, und nur auf schlechten Straßen war er nicht ganz so komfortabel ... Wegen seines hohen Schwerpunktes besteht die Gefahr, daß der Wagen bei Kurvengeschwindigkeit kippt, allerdings verkauft ihn Kaiser auch nicht als Rennwagen...«

Das Fazit: »Er ist genau so sehr zu Hause auf der Landstraße oder im Gelände, hinter einem Schneepflug, vor einem Anhänger oder bis an die Radnaben in Schlamm versenkt. Und die ganze Zeit verwöhnt er seine Insassen mit viel Stil.«

Ein neuer Kühlergrill und kleinere Retuschen folgten 1966, dazu gehörte auch ein hochverdichteter V8 Vigilante mit 270 PS, der auf hochoktaniges Benzin ausgelegt war. Von Null auf 60 mph und über die Viertelmeile notierte *Motor Trend* 12,8 beziehungsweise 18,7 Sekunden, fast zwei Sekunden schneller als der Standard-V8. Und trotz seines opulenten Luxus war der Super Wagoneer nicht weniger geländetauglich.

Tom McCahill schrieb in *Mechanix Illustrated*, daß sein Vorgarten oft aussehe wie ein Hot-Rod-Stützpunkt, doch: »Von den ganzen Schlitten, die im Moment da rumstehen, würde ich den Jeep Wagoneer wählen.«

Tom meinte weiter, der Wagoneer fahre so gut wie jeder andere Personenwagen und mache immer eine gute Figur, sei es vor dem Country Club oder neben dem Lagerfeuer. »Der Wagoneer ist gebaut wie ein Tresor und ich wette, er macht in fünf Jahren weniger Probleme als viele Autos mit hoher Spitzenleistung, die einem Haus und Bankkonten auffressen.«

Der Edel-Jeep veränderte sich fast unmerklich. 1968 gab es den Vigilante-Motor nur im Super Wagoneer. Die Standard- und Custom-Modelle hatten Buicks neuen 5,7-Liter V8 unter der Haube, wahrscheinlich aus finanziellen Gründen. (Gleichzeitig kaufte übrigens Kaiser Maschinen und Werkzeuge für die Herstellung von Buicks 90-Grad-V6, der seit 1966 auf Wunsch für die CJ-Jeeps erhältlich war.)

Der Buick V8 lieferte 230 PS und 484 Newtonmeter; die Leistung lag also nur geringfügig unter der des AMC 327, das Drehmoment, ein wichtiger Faktor für Geländewagen, dagegen etwas höher.

*Motor Trend* testete ein weiteres Mal den Wagoneer und äußerte jetzt erstmals offene Kritik, bisher nur zwischen den Zeilen zu lesen. V. Lee Oertle fuhr 1969 die Version mit Buick-Motor: »Die Erinnerung unserer ersten Begegnung hinterließ einige Ecken und Kanten und

***Eine interessante Motoralternative für den CJ (rechts oben) stellte der Perkins Diesel »Four 192« dar. Der Motor war ganz aus Gußeisen und hatte einen Hubraum von 3146 Kubik. Der lange Hub (üblich bei Diesel-Motoren) betrug 127 Millimeter, die Bohrung 88,9 mm. Geliefert wurden 62 PS bei 3000 Umdrehungen, das maximale Drehmoment von 198 Newtonmetern lag bei niedrigen 1350 Umdrehungen an. »Prairie Gold« hieß eine Sondermodell von 1966 auf CJ-5-Basis (rechts unten links). Chromdetails, Sonderlack und Innenausstattung waren seine Hauptmerkmale. Der Gladiator bekam einen Wohnaufsatz (unten ganz rechts). Der J-3800 war wahlweise mit dem GM Turbo Hydra-Matic-Viergangetriebe zu bestücken, die Nutzlast betrug nahezu eine Tonne.***

STANDARD OIL
STANDARD OIL
TED SLATER JR

JEEP

ich gebe zu, ich näherte mich den Wagen mit einem Runzeln auf der Stirn. Zu sagen, daß die frühen Modelle Schwächen hatten, wäre untertrieben.«

Das Modell 1969 erntete aber viel Lob: »Man wächst mit dem Wagen zusammen. Der Käufer bekommt das Beste zweier Welten: Komfort mit robuster Geländetauglichkeit. Und das, ohne daß der Wagoneer bockt oder herumspringt. Die neuen haben progressive Blattfedern hinten und Dämpfer mit Zug- und Druckstufe rundum. Er rollt gelassen auf der Straße und robust im Gelände. Ein netter Kompromiß...«

Mängel fand Mister Oertle auch, zum Beispiel den unnötig großen Wendekreis, und wer sich aus kniffeligen Situationen herausrangieren wollte, hatte Schwerstarbeit zu leisten: »Aber was soll's, jedes Fahrzeug ist ein Kompromiß.«

Ein anderes Auto voller Kompromisse war der neue Jeepster. Vier Jahre nach der Übernahme durch Kaiser und 17 Jahre nachdem die Produktion eingestellt worden war, erschien der Jeepster wieder auf der Bildfläche. Jetzt hieß er Jeepster Commando, war auf Wunsch mit Allradantrieb und in vier Karosserievariationen lieferbar: Roadster, Cabrio, Kombi und Pickup.

Das Chassis stammte vom CJ-6, war aber mehr Spielzeug als Arbeitspferd. Die Frontgestaltung war die des Jeep Universal, der Rest war der ursprünglichen Jeepster-Optik nachempfunden.

Anfangs verfügte er über den wechselgesteuerten Vierzylinder mit 75 PS, doch die meisten Kunden bezahlten gern 194 Dollar extra, um den Dauntless-V6 mit 160 PS zu erhalten. Diesen Motor hatte Buick entwickelt und 1966 komplett an Kaiser verkauft. Während der Ölkrise Anfang der Siebziger kaufte General Motors ihn zurück und produzierte den V6 dann in Eigenregie.

*Als die Sechziger zu Ende gingen, wurde die Automobilindustrie deutlich sicherheitsbewußter. Neue Gesetze zum Umwelt- und Fahrerschutz traten in Kraft, Jeep griff das Thema 1967 in der Werbung auf (links). Der Wagoneer war, dank seiner Größe und seines Allradantriebs, ein sicheres Auto. Das war aber nicht der Fall bei anderen Jeep-Produkten, und einige Modelle wurden deswegen scharf kritisiert.*

*Der M151 A1, obwohl nicht von Kaiser-Jeep konstruiert, entwickelte die gleiche fatale Neigung zum Überschlag wie der CJ-5. Ursprünglich von Ford gebaut, hatte der M151 (rechts) Einzelradaufhängung, die in den Kurven bei entsprechender Geschwindigkeit ohne Vorwarnung plötzlich die Haftung vermissen ließ. Eine Neukonstruktion mit Starrachse sollte dem abhelfen, der CJ-5 litt jedoch unter anderen konstruktionsbedingten Eigenheiten, die das gleiche Resultat hatten: Geringe Spurweite, kurzer Radstand und hoher Schwerpunkt. Das, zusammen mit von Besitzern ausgeführten Modifikationen, verhalfen dem CJ-5 zu einem unverdient schlechten Ruf in dieser Beziehung. Eine Regierungs-Untersuchung enthob die Jeep-Konstruktion von jeder Verantwortung für solche Unfällen.*

U S ARMY
2N5976
TP 20
US 4
MVPA 1369

Im Gegensatz zur ersten Jeepster-Generation hatte der Commando viel Komfort zu bieten, zum Teil ab Werk, zum Teil als Zubehör. Das Cabrio hatte zum Beispiel Kurbelfenster und Schalensitze. Unter den Optionen befanden sich der größere Motor, das Turbo-HydraMatic-Getriebe, Servobremse, Klimaanlage und ein Hardtop für den Speedster. Die Servolenkung kam 1969 dazu, aber nur für die Modelle mit V6-Motor.

Angeblich hatte Kaiser den Jeepster schon in den Fünfzigern bauen wollen, habe das aber nicht gemacht, da Willys sämtliche Unterlagen schon vernichtet hatte. Kaiser machte aber nicht den Fehler wie Willys sondern rührte kräftig die Werbetrommel, was den Commando bedeutend erfolgreicher werden ließ als den ersten Jeepster.

Kritik gab es wenig, obwohl das Auto nicht fehlerfrei war. Die Geländetauglichkeit war gut, auch beim Rückwärtsfahren, nicht immer einfach mit Allradantrieb, gab es keine Beanstandungen. Der Komfort lag, nach *Motor Trend*, weit über dem Durchschnitt, und dort war auch zu lesen, daß »egal wohin man zielt, der Jeepster immer kontrollierbar ist«.

Schwierigkeiten machte ab und an die Zuschaltung des Vorgeleges; die Lenkung fühlte sich schwammig an, das Hardtop klapperte, und das Finish ließ etwas zu wünschen übrig. Auch stand es um die Laufkultur des V6 nicht zum besten, besonders nicht im Leerlauf.

*Car Life* bezeichnete die allgemeine Leistung dennoch als »exzellent« und die Meßwerte beeindrucken. Mit V6 und Automatik schaffte die Zeitschrift eine Spitzengeschwindigkeit von 140 km/h; die Viertelmeile wurde in 19,2 Sekunden durcheilt, dabei lagen 115 km/h an. Für einen Geländewagen nicht schlecht. Auch die Bremswirkung war befriedigend, nicht besser als bei anderen Autos, aber auch nicht schlechter, und vor

***Mit dem Jeepster tauchte 1967 wieder ein bekannter Name auf, die Werbung feierte das Ereignis entsprechend (links). Als offener Sportwagen mit Allradantrieb eingestuft, sollte das neue Modell die gleiche Marktnische ansteuern wie sein Vorgänger. Das neue Modell konnte aber mit Automatik getriebe und später sogar mit V8-Motor geliefert werden.***

***Den Jeepster gab es in vier verschiedenen Versionen: Cabrio (rechts oben), Station Wagon (rechts unten links), Pickup (ganz rechts unten) und als Roadster. Im Januar 1967 vorgestellt, hatte diese zweite Jeepster-Generation zunächst den Go-Devil oder den obengesteuerten V6, den Buick konstruiert hatte, unter der Haube.***

allem auch nach mehreren Gewaltbremsungen absolut zuverlässig.

Und trotzdem hielt sich das Lob in Grenzen: »Der Jeepster Sports Convertible schien ausgesprochen fahrbar zu sein, in Gelände und auf der Straße. Seine Leistung war exzellent, sein Nutzwert aber gering, besonders wegen des fehlenden Stauraums. Die Sitze waren bequem, der Geräuschpegel aber zu hoch. Die durchaus gefällige Optik - unser Wagen trug viel Chrom und ein weißes Vinyldach zu einer roten Karosserie - wirkt längst nicht so seriös wie die der echten Jeeps. Gut, mit ihm durch das Unterholz zu fahren machte Spaß, doch sind die Türgriffe so unglücklich angebracht, daß man mit den Knien dagegen stößt, wenn es etwas rauher zugeht. Es ist ein Spaßauto, macht jedoch nicht immer Spaß...«

»Unser Fazit: Der Jeepster Sports Convertible ist ein Auto für Dilettanten, für all diejenigen, die sich nicht allzu weit in die Wildnis trauen. Er ist sanft, gutmütig - ein Mimöschen.«

Großes Lob ist das nicht, fragt sich aber, was der Schreiber erwartet hat. Offensichtlich kein aufgemotztes Familienauto mit Geländetauglichkeit, doch genau das war der Commando.

1969 kam eine Luxusversion dazu, die diesmal einfach Jeepster hieß. Sie kostete 532 Dollar mehr als das Cabrio. Bei dieser Ausführung waren die Kritikpunkte in Sachen Komfort zum größten Teil aufgehoben.

Die Reihe Jeep Universal änderte sich nur geringfügig. Die letzte CJ-3B-Serie wurde 1965 aufgelegt, dann nur in geringen Stückzahlen. Die große Neuigkeit 1966 war die Einführung des V-6-Zylinders (Typ Dauntless) und des Zweistufen-Vorgeleges mit einer Welle für CJ-5 und CJ-6. Beide stammten von anderen Jeep-Produkten und machten zusammen mit Servobremsen und gepolstertem Fahrersitz die Universal-Modelle etwas komfortabler.

*Kaiser-Jeep hätte für den Jeepster gern auf alten Vorlagen zurückgegriffen, sie waren aber schon vernichtet. Deswegen mußten Werkzeuge und Maschinen neu eingerichtet werden. Der Station Wagon (links) hatte ein festes Dach mit nach oben schwenkender Heckklappe sowie Rücksitze serienmäßig. Nur der Jeepster Wagon hatte die Luxusausstattung De Luxe. Darunter verstand man besondere Sitze, spezielle Innenverkleidungen und Teppiche, aber auch chrombelegte Rückspiegel, entsprechende Stoßstangen sowie rückwärtige Seitenscheiben, die sich öffnen ließen.*

*Das Armaturenbrett des Jeepster (rechts oben) war, wie bei jedem Jeep, vom puren Zweck bestimmt, eine Gefühl von Luxus kam dabei ganz bestimmt nicht auf. Dann schon eher durch das elektrische Verdeck, das serienmäßig installiert war. Überhaupt galt: Mit der richtigen Ausstattung strahlte der Jeepster tatsächlich einen gewissen Luxus aus. Das Reserverad hinten - in Art der Continental-Kits - war ebenso gegen Aufpreis erhältlich wie Schneepflug oder Wohnaufsatz.*

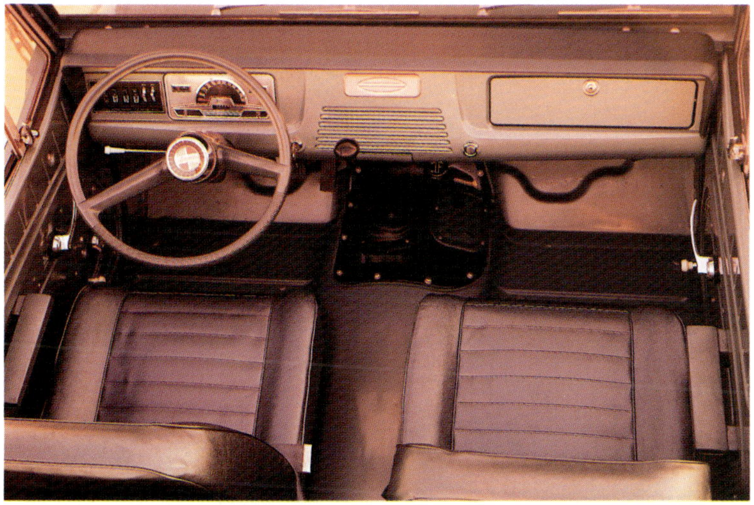

CAMPUS
BOOK

Der optische aufgemotzte »Tuxedo Park« verschwand 1969 aus dem Programm, dafür kam ein Campingaufsatz. Der Wohnkasten wurde mit einem Haken im Fahrgestell gesichert. Vier Personen konnten dort übernachten; die Karosserie hatte einen Zweiton-Lack. Zur Standardausrüstung gehörten eine Küche mit fließendem Wasser, Schränke, Ofen und Herd. Butangas sorgte für Wärme, versorgte aber auch (abwechselnd mit Strom) den Kühlschrank. Wahlweise erhältlich war eine zweite Lüftungsklappe in der Decke.

Das Ausstattungspaket »462«, im gleichen Jahr eingeführt, lieferte Überrollbügel, einen klappbaren Reserveradhalter, schlauchlose Reifen (Polyglas), Amperemeter, Öldruckmesser und Motorschutzplatte.

Gleichzeitig mit der Einführung des Wagoneers erschien auch eine neue Reihe Trucks, Gladiator genannt. Sie teilten Styling und Technik mit dem Wagoneer, waren aber die größten und praktischsten Autos, die den Namen Jeep trugen, und vor allem die stilvollsten. Je nach Ausführung und Radstand (von 305 bis 320 Zentimeter) durfte zwischen einer halben und einer ganzen Tonne zugeladen werden, außerdem konnte der Gladiator auch mit Allradantrieb geordert werden. Die Pickups erschienen in zwei Ausführungen, mit ausgestellten oder bündigen Kotflügeln, letztere geringfügig teurer. Es gab insgesamt 46 Gladiator-Modelle. Dazu kamen drei Utility Jeeps, drei Dispatcher, acht Forward Control und 16 konventionell gestylte Trucks - insgesamt 76 Modelle der Marke Jeep! Und dabei sind die Utility Wagons, Wagoneers und Sedan Delivery (auf dem Wagoneer basierend) noch nicht mitgerechnet.

Es ist schwierig, eine erfolgreiche Modellpolitik zu kritisieren, schließlich bescherte die Programmvielfalt größere Marktanteile. 1962 waren die Zahlen zwar

*Ein Hardtop aus Stahlblech (links) wurde von vielen Zubehör-Herstellern angeboten, obwohl es ihn auch ab Werk gab. Die Produktion war wieder gestiegen, und 1968 schrieb die Marke schwarze Zahlen.*

*Jeep hatte ein Modell für jeden Zweck. Fahrzeuge für die Brandbekämpfung entstanden mit schöner Regelmäßigkeit auf dem Chassis des Gladiator, ein Novum war der Notarztaufbau von 1967 (rechts oben). Sogar eine Sonderversion für die Müllabfuhr gab es. Im gleichen Jahr lieferte Jeep an UNICEF einige als Krankenwagen ausgestatte CJ-6. Neben Sirene, Blaulicht und Reserverad auf dem Dach hatte dieser CJ-6 geteilte Windschutzscheibe (rechts unten links). Einige Jeep-Modelle führten ein eher ruhiges Leben, wie etwa dieser CJ-5 ohne Allradantrieb auf dem Golfplatz (rechts unten rechts).*

etwas gefallen , aber dank der Unterstützung durch Wagoneer und Gladiator stieg der Umsatz 1963 um 42 Prozent.

Genau wie der Wagoneer war auch der Gladiator mit Einzelradaufhängung und Automatikgetriebe ein Meilenstein in seiner Klasse. Jeep war immer noch der einzige Hersteller, der eine Automatik in Kombination mit einem Allradantrieb anbot. Die weitere Entwicklung des Gladiator verlief parallel zu der des Wagoneer. So war ab 1965 wahlweise der V8 von American Motors erhältlich, 1966 wurde der V6 von einem neuen ohc-Motor ersetzt.

Die Forward Control Trucks verkauften sich nie besonders gut und nach 1966 wurde ihre Produktion eingestellt. Bestimmte Einsatzgebiete hatten sie allerdings perfekt ausgefüllt, und putzig sahen sie auch aus. *Motor Trend* fand allerdings einen gravierenden Mangel, nämlich den, daß der Fahrer »wegen des hohen Einstiegs nach mehreren Lieferungen wahrscheinlich sehr schnell müde wird.« Der kleine Motor und die lange Übersetzung (5,38:1) begrenzten die Höchstgeschwindigkeit auf 80 km/h. Außerdem arbeitete die Mechanik nicht zuverlässig, Schwachpunkte waren Federsitze, Vorderradaufhängung und Lenkung. Verheerend der Vorwurf an den FC-150, er würde wegen seines hohen Schwerpunktes leicht umkippen.

Ein Jahr vor dem Auslaufen der FC-Reihe verschwanden auch all die anderen Truck-Modelle und Lieferwagen, mit Ausnahme der Wagoneer und Gladiator. 1969 - das letzte Jahr unter Kaiser - war die Modellpalette auf 20 reduziert, drei Jahre vorher waren es noch 48 gewesen.

Unter Kaiser hatte Jeep interessante Entwicklungsphasen durchgemacht. Eine Zeitlang hatten die neuen Besitzer bewußt den Namen Willys in den Hintergrund gedrängt. Nach der Übernahme von Kaiser 1953 stand immer noch »Willys Jeep« auf der Motorhaube, ab 1957 jedoch nur »Jeep«. Im Juni 1963 wurde das Unternehmen von Willys Motors Inc. in Kaiser Jeep Corporation umgetauft. Bis zur Übernahme durch AMC wurden die Autos unter dem Label Kaiser Jeeps vermarktet.

Kaiser war als Automobilhersteller bekannt. Obwohl das Unternehmen nur selten Autos herstellte, profitierte Jeep vom guten, wenn auch irgendwie unbegründeten Ruf von Kaiser; Wagoneer und Gladiator festigten das Jeep-Image noch weiter. Als die FC-Modelle und die anderen Trucks verschwanden, hatte Kaiser Jeep in seinem Programm immer noch eine bunte Mischung aus reimrassigen Geländewagen, Familienautos und Autos für die noble Gesellschaft im Country Club: Jeep hatte eine Marktnische gefunden, eine Nische, die allerdings erst in ein paar Jahren Geld einbringen sollte.

***Kaiser baute nicht nur den Basis-Jeep für die Army, sondern auch den CJ-5 für mehrere Behörden. Dieses sehr militärisch wirkende Aufklärungs- und Verbindungsfahrzeug (rechts oben) war eines davon.***
***Der J-3000 behielt den originalen Kühlergrill bei, auch als der Wagoneer 1966 einen Facelift bekam. Der J-3000 wurde erst 1970 neu gestylt (rechts unten). Der Radstand des Gladiator J-3000 wuchs 1969 von 320 auf 335 Zentimeter.***

*Der sehr kurz gefaßte Jeep mit den Schiebetüren ist – zumeist ohne Allradantrieb – im amerikanischen Postzustelldienst rege tätig.*

*Rechte Seite:*
*Die Innenausstattung des Wagoneer von 1969 ähnelte der des Originals (das jetzt auch schon sieben Jahre alt war). Die schaumgepolsterten Sitze mit Kunstlederbezug waren jedoch neu. Um die neuen Vorschriften zu erfüllen, waren Armaturenbrett und andere Details gepolstert. Den Super Wagoneer (rechts oben) gab es nicht mehr als selbständige Modell-Linie, sondern wanderte als Ausstattungspaket auf die Aufpreisliste. Jeepster/Commando und CJ gingen dagegen unverändert ins Modelljahr 1969.*

POLICE
TRAFFIC CONTROL
95

KAPITEL 8

# Der Jeep wird erwachsen: 1970 - 1983

Kaiser Jeep spielte 1968 eine wichtige Rolle im Imperium der Kaiser Industries. Dazu gehörten Kaiser Aluminum & Chemical, Kaiser Steel, Kaiser Cement & Gypsum, Kaiser Jeep, Kaiser Aerospace & Electronics, Kaiser Hawaii Kai, Kaiser Broadcasting, National Steel & Shipbuilding und Kaiser Foundation Medical Care. Insgesamt arbeiteten 64.000 Menschen für Kaiser.

Edgar Kaiser, zu der Zeit Vorstandsvorsitzender der Kaiser-Gruppe, setzte neue Prioritäten und konzentrierte sich auf Bergwerke, Aluminium, Chemie und Bau. Der Verkauf von Jeep war eine der Möglichkeiten, sich auf das Kerngeschäft zu beschränken. Bei einem Bruttoumsatz von 477 Millionen steuerte Jeep einen Nettogewinn von 15 Millionen Dollar bei, etwa die Hälfte aller Gewinne, die Kaiser Industry erwirtschaftete. Nicht zuletzt deswegen wollte Edgar Kaiser die Kontrolle über den Cashflow behalten.

An die »Großen Drei« zu verkaufen, daran war aus mehreren Gründen nicht zu denken. Jeder hatte erstens eigene Allradfahrzeuge und Trucks im Programm. Und zweitens konnte Kaiser nicht erwarten, an den weiteren Verkäufen zu partizipieren. Dann betrat die American Motors Corporation AMC die Bühne.

Zum ersten Mal in vielen Jahren hatte American Motors, der letzte der unabhängigen Autohersteller Amerikas, 1968 Gewinne eingefahren, immerhin 11,8 Millionen. 1969 betrug der Gewinn 7,9 Millionen Dollar, und American Motors hatte weder Trucks noch Geländefahrzeuge im Programm.

Die beiden Unternehmen erarbeiteten ein Modell, nach dem AMC Kaiser Jeep kaufte. Kaiser Industries erhielt dafür, neben Bargeld, einen großen Anteil an AMC-Aktien, womit beiden gedient war: AMC ergänzte sein Programm um populäre Trucks und Allradautos, ohne viel Kapital investieren zu müssen. Kaiser seinerseits bekam eine Geldspritze und die Möglichkeit, später bei AMC einzusteigen, falls Edgar wieder Interesse an der Automobilproduktion finden sollte.

Am 2. Dezember 1969 unterzeichneten AMC und Kaiser Industries einen Vertrag, nach dem AMC 10 Millionen Dollar bar, weitere 5,5 Millionen in Aktien, 9,5 Millionen in Schuldscheinen mit fünf Jahren Laufzeit und eine halbe Million in anderen Sicherheiten hinblätterte. Insgesamt ging es um etwa 75 Millionen Dollar. Effektiv hielt Kaiser Industries jetzt 22 Prozent der Stammaktien von AMC, oder 25 mal soviel wie der bislang größte AMC-Aktionär.

Roy D. Chapin Jr., Vorstand bei AMC, erklärte bei der Pressekonferenz, daß Edgar Kaiser kein Interesse habe, die Kontrolle über AMC zu gewinnen. Chapin weiter: »Ich habe eine mündliche Aussage, daß Mr. Kaiser keinen Platz im Vorstand haben will, um erst gar keinen falschen Verdacht aufkommen zu lassen.« Und so kam es auch. Obwohl Kaiser Industries die Mehrheit bei AMC besaß, spielte das Unternehmen keine

***Als die turbulenten Sechziger zu Ende gingen, hatte sich auch für die Automobilindustrie die Landschaft verändert. Bis jetzt hatten die amerikanischen Hersteller bauen können was sie wollten, ihre Autos hatten sie immer losgekriegt, egal zu welchem Preis. Jetzt führte aber die Regierung ständig neue Vorschriften ein, regelte Abgase, Lärm und Sicherheit und veränderte damit das Produkt. Dazu kamen auch Billigimporte von ausländischen Anbietern, die sich nicht länger scheuten, mit Detroit in Konkurrenz zu treten. Kaiser Industries erkannte die Zeitzeichen und beschloß 1969, Jeep zu verkaufen. Der letzte unabhängige amerikanische Hersteller, American Motors Corporation, wollte seine Produktpalette ausweiten und erwarb die Jeep Corporation für etwa 75 Millionen Dollar. Bevor Kaiser aber die Szene verließ, wurde das Hurst/Jeep-Projekt gestartet. AMC führte das Projekt zu Ende, 1971 wurde der Hurst Jeepster (rechts unten) vorgestellt. Seine Antriebsquelle bildete der V6-Dauntless mit manuellem Hurst-Dreiganggetriebe oder GM-Automatik. Der Drehzahlmesser saß auf der Motorhaube (rechts unten ganz außen); Renndekor, Luftschlitze auf der Haube und Polyglas-Reifen gehörten zu den Besonderheiten. Etwa 100 Stück wurden gebaut. Bei der jungen Lady handelt es sich um Linda Vaughan (rechts), auch als Miss Hurst bekannt. Noch Mitte der neunziger Jahre war die dann nicht mehr ganz so junge Dame fester Bestandteil der NASCAR-Szene.***

127 4619

# Jeep CJ-Varianten

***Kaiser-Jeep schuf 1969 den XJ-001, ein Versuch, einen weniger braven Jeep zu bauen (oben). Er basierte auf dem CJ-5, aber weder Kaiser noch AMC verfügten über das nötige Geld oder die entsprechenden Fertigungseinrichtungen, um ihn realisieren zu können. Der Jeep II (oben rechts) war ein Versuch, einen kleineren Jeep zu bauen. Die ganze Industrie suchte damals ihre Modellpalette zu verkleinern, dazu gehörte auch der Bau kleinerer Autos.***

Obwohl es Jeeps in allen Formen und Farben gegeben hat, blieben die CJ-Modelle und die Basis-Versionen für die Streitkräfte erstaunlich gleich. Das heißt aber nicht, daß Willys, Kaiser Jeep, American Motors und letztlich Chrysler nicht kräftig am Konzept herumgebastelt haben.

Zum Beispiel versuchte es Willys 1953 mit einer flach abfallenden Haube für den CJ-3, um die Sicht nach vorn zu verbessern. Die Idee ging nicht in Serie, aber ein Foto läßt ahnen, daß diese Modifikation womöglich auch die Aerodynamik verbessert hätte. Solche Probleme interessierten allerdings die Industrie noch nicht. Etwa 15 Jahre später stellte Kaiser Jeep die Studie XJ-001 vor, basierend auf dem CJ-5 Universal mit 205 Zentimeter Radstand. Er hatte eine sportliche Kunststoff-Karosserie, hinten offen, aber mit eher Pkw-ähnlichen Linien. Er wurde 1969, kurz vor der Übernahme durch AMC, vorgestellt. Eine Pressemitteilung bezeichnete ihn als »Studie für Innovationen auf dem wachsenden Freizeitmarkt«. So kann man es natürlich auch ausdrücken, der AMC-Historiker John A. Conde meint aber, daß AMC weder Geld noch Ideen hatte, um das Projekt durchzuführen. Da könnte schon was dran sein. Das Schicksal löste das Problem schließlich: »Auf dem Rückweg von der Texas State Fair überschlug sich der Transporter, der den Prototyp geladen hatte. In dem folgenden Brand verschwanden die letzten Reste des XJ-001.«

Sorgen über Verbrauch und die ersten Versuche, die Modellpalette zu straffen, führten 1977 zu dem Jeep II: »Concept Jeep II zeigt die Bemühungen der Jeep Corporation, die Fahrzeuggröße zu verringern, ohne an Innenraum zu verlieren. Der verkleinerte CJ-5 behält aber alle Tugenden wie Robustheit und Fahrspaß der populären CJ-Reihe. Der Jeep II ist zwei Fuß kürzer, neun Zoll niedriger und mit 76 Zoll um acht Zoll kürzer als der CJ.« Mit dem geringeren Gewicht, dem tieferen Schwerpunkt und den steil gewinkelten Kotflügeln sowie der Front signalisierte der Jeep II die Rückkehr zum Original der Kriegszeit.

Leider konnte AMC weitere drei Jahre immer noch nichts damit anfangen. Ein Grund war Renault, das die Aktienmehrheit von AMC aufkaufte und in Europa noch heute CJ-Modelle vertreibt. Die Entwicklung der neuen Wrangler-Serie begann erst 1981. Der Jeep II trug vielleicht dazu bei, aber die Idee, einfach den Jeep zu verkleinern, verschwand sehr früh. Die Entwicklung verlief deswegen parallel zu der von XJ-Cherokee/Wagoneer, die 1984 fertig waren.

*Anfang 1971 erschienen 600 Jeep Renegade (ganz oben), je 200 in den Farben Baja Yellow, Mint Green und Riverside Orange, die ersten 150 Modelle kamen in Big Bad Orange. Ab 1972 hieß der Jeepster/Commando nur noch Commando (links Mitte). Das Cabrio verschwand, ebenso der wechselgesteuerte Vierzylinder und der V6. Zwei neue Sechszylinder und ein V8 traten an ihre Stelle. Der Gladiator bekam 1970 einen neuen, dem Wagoneer ähnlicheren Kühlergrill. Die Trucks gab es als Townside oder Thriftside und hatten auf Wunsch Automatikgetriebe und vordere Einzelradaufhängung.*

weitere Rolle, weder für Jeep noch für AMC. Später verkaufte Kaiser seine Anteile an AMC zurück.

Kurz nach der Fusion trennte AMC die zivile Produktion von der militären und schuf damit praktisch eine neue Unternehmenssparte. Am 21. März 1970 entstand AM General für die Abwicklung von Verteidigungs- und Regierungsaufträgen, bei Kaiser Jeep hieß das früher Defense and Government Products Division. Neben Jeeps für Militär und die Post produzierte diese Abteilung später auch Transitbusse und, noch viel später, als diese Sparte nicht mehr AMC gehörte, den Hummer (Kürzel für High Mobility Multi-Purpose Wheeled Vehicle - HMMWV). Unter AMC-Regie war wieder eine neuer Name fällig, aus Kaiser Jeep wurde die Jeep Corporation.

Die Fusion führte, langsam aber sicher, zu großen Änderungen. Die AMC-Konstrukteure überarbeiteten die gesamte Jeep-Palette. Der Name Gladiator verschwand, sämtliche Lkw oder Trucks bekamen die Bezeichnung »J«. Bei der Gelegenheit erhielten die ehemaligen Gladiator-Modelle den schönen Grill des Wagoneers anstelle des Jeep-ähnlichen Grills. Der Wagoneer seinerzeits bekam ebenfalls einen neuen Kühlergrill; der V6 Jeepster Commando erhielt eine Servolenkung.

*Road & Track* schien der gutmütige Wagen zu gefallen: »Er sieht einer Familienkutsche so ähnlich, daß eine Hausfrau damit ohne Schwierigkeiten beim Elternsprechtag vorfahren kann, was bei den meisten Geländefahrzeugen nicht der Fall wäre. Seine Optik ist seit 1962 praktisch unverändert, und das sieht man auch. Doch dank seiner Servolenkung ist er unter allen Umständen leicht zu fahren, von 'Handling' im Sinne es Sportwagens kann allerdings keine Rede sein: Die Lenkung ist gefühllos und die Bremsen sind schlapp, und da der Schwerpunkt sehr hoch liegt, schwankt

*AMC nannte in der Werbung die Jeep-Modelle »2-Car Cars«, was soviel bedeutete, man könne damit einkaufen fahren und den langen Weg über die Berge nach Hause nehmen. Die Verkaufsliteratur (links) wies auch auf die ständige Modellpflege an Federung und Motoren hin.*

*Die Renegade-Ausstattung erschien zum erstenmal 1972 (rechts oben) auf der Aufpreisliste, 1973 umfaßte sie einen 5 Liter-V8, andere Felgen, Weißwandreifen, matte Motorhaube, Renndekor, Motorschutzplatte, doppelte Rückspiegel sowie Sitze mit Vinylbezug (rechts unten links). Mit guten 9538 Einheiten 1973 gab der Commando seine Abschiedsvorstellung (rechts unten Mitte). Unter AMC-Regie beteiligte sich Jeep auch an Wettbewerben, der Wagoneer war der erste amerikanische Wagen, der eine internationale Rallye gewann: die 73er Auflage der Michigan-Rallye »Press-On-Regardless« (sinngemäß: »Ohne Rücksicht auf Verluste«) über 1571 Meilen. Der Wagen hatte den neuen Quadra-Trac, den permanenten Allradantrieb.*

RENEGADE
1976
Jeep

Jeep

MOBY DICK I
TOTAL
124
COMPETITION LIMITED

er in den Kurven ganz gewaltig. Bei der mehr als genügenden Motorleistung, die der Buick-V8 entwickelt, sollte er vorsichtig gefahren werden. Unbeladen sind Reifen und Federung für die Straße viel zu straff abgestimmt. Im Gelände dagegen gehört er wahrscheinlich zu den besten seiner Art. Und was immer man davon halten mag: Das Automatikgetriebe ist ein Genuß, auch im Gelände. In kniffligen Situationen kann die Leistung viel vorsichtiger dosiert werden und sowohl im Treibsand als auch im Schlamm finden die Räder Halt, ohne daß sie, wie bei Schaltgetrieben, durchdrehen.«

*Road & Track* zog dann das Fazit: Der Wagoneer wäre »trotz seiner Mängel doch einer der nettesten Kombis seiner Art und der beste Kompromiß zwischen Familienwagen und Geländefahrzeug.«

Hurst, für seine Schalthebel bekannt, baute zusammen mit American Motors 1971 einige Jeepster Commando um. Dekorstreifen, Breitreifen, Radkappen und Lufteinlaß auf der Motorhaube mit Drehzahlmesser gehörten zu den Merkmalen. Das manuelle Getriebe hatte den T-förmigen Hebel aus Hursts Programm, das Automatikmodell den »Dual Gate«. Selbstverständlich sind diese Fahrzeuge heute besonders begehrt.

Wagoneer und Ex-Gladiator erhielten 1971 kleine Styling-Änderungen, die großen Neuigkeiten saßen aber unter der Haube. Der Wagoneer bekam jetzt in Serie den AMC 4,2-Liter Sechszylinder, und der Buick-Motor wurde von einem eigenen 5,9-Liter V8 ersetzt. In beiden Fällen waren kleine Leistungsvorteile die Folge. Unbeladen beschleunigte der Wagoneer jetzt von Null auf 60 mph in 12,6 Sekunden.

Das Fahrverhalten war aber unnötig hart. Die von *Motor Trend* gefahrenen Reifen waren außerdem achtlagig, gut für Felsen im Gelände, aber auf der Straße nicht gerade komfortabel.

Der CJ lief in der Basisausführung unverändert weiter, aber inzwischen war ein Optionspaket dazugekommen: »Renegade II« umfaßte Drehzahlmesser, Überrollbügel und Dekorstreifen. Die Farbe war Big Bad Orange mit tiefgrauen Streifen.

Das größte Interesse weckte 1972 aber das Modell mit den geringsten Verkaufszahlen, der Jeepster Commando. Der Radstand verlängerte sich auf 264 Zentimeter und der Name Jeepster verschwand. Der längere Radstand war eine Folge der zwei neuen Motoralternativen: Der Buick V6 und der wechselgesteuerte Vierzylinder verschwanden, serienmäßig kam stattdessen der siebenfach gelagerte AMC Reihen-Sechszylinder sowie, auf Wunsch, der AMC Fünfliter V8 mit 150 PS zum Einsatz. Sein Drehmoment betrug mächtige 270 Newtonmeter.

Der neue Commando hatte eine verlängerte Haube und einen neuen Küh-

*Größte Neuheit des Jahres 1974 war der Cherokee (links). Das neue Modell basierte auf dem Wagoneer, rangierte aber in den unteren Preisklassen, was den Wagoneer automatisch aufsteigen ließ. Der Cherokee war vor allem durch die vier Türen und den Truck-Kühlergrill sofort erkennbar.*

*Der bekannte Dispatcher (rechts oben links und Mitte) tat vor allem bei dem US Postal Serivce Dienst. Er ähnelte sehr dem CJ-5 mit Hardtop, hatte aber nur Zweiradantrieb und Rechtslenkung. Der CJ-5 selbst bekam für 1974 nur wenig Änderungen verpaßt (rechts oben rechts). Der V8 Motor erhielt, gemäß der neuen Abgasbestimmungen, entsprechende Modifikationen; Heizung und Bremsen wurden deutlich verbessert. 1974 bildete der Jeep Renegade das Basismodell, lieferbar in den Farben Renegade Yellow oder Renegade Plum.*

Renegade
Jeep

lergrill mit integrierten Zusatzscheinwerfern. Wegen des verlängerten Radstandes befanden sich die Federbeine jetzt vor der Vorderachse statt dahinter.

1972 erhielten die CJ-Modelle die gleichen Motoren; Basis war der 3,8-Liter Reihen-Sechszylinder mit 100 PS. Die nächste Stufe bildete der 4,2-Liter Sechszylinder mit 110 PS, und erstmals konnte der CJ vom Werk aus mit einem V8 geliefert werden.

CJ-5 und CJ-6 konnten ebenfalls mit dem Fünfliter-V8 ausgestattet werden, beim Renegade war er, 150 PS stark, Standard. Mit diesem Paket kamen auch American-Racing-Alufelgen, Überrollbügel, Außenspiegel, Kotflügelverbreiterungen und gestreifte Sitze. Zusätzlich war auch ein Trac-Lok-Differential hinten erhältlich, wie auch Sonnenblende, vergrößertes Kühlsystem, Rücksitz, Schutzplatte unter dem Benzintank, Sturzbügel für Beifahrer, Amperemeter, Öldruckanzeige und mattschwarze Bordwand mit Reserverad-Halter im Programm stand. AMC machte damit den CJ nicht nur zivilisierter, sondern schob ihn auch preismäßig nach oben.

Wagoneer und J-Serie wurden 1972 nur wenig geändert. Die Trucks bekamen größere Kupplungen, und die mögliche Zuladung wurde durch Dana-Achsen vorn und hinten erhöht. Hängende Pedale für Bremse und Kupplung gab es jetzt bei diesen Modellen auch.

Quadra-Trac, den permanenten Allradantrieb, führte AMC 1973 ein, ein System, das Borg-Warner in den vier vorangegangenen Jahren entwickelt hatte. Sein Vorteil bestand darin, daß alle vier Räder ständig angetrieben wurden. Bis dahin wurde der Allradantrieb erst zugeschaltet, wenn die Umstände es erforderten.

*Car and Driver* erklärte die Technik: »Fahren Sie ein vierrädriges Fahrzeug im Neuschnee. Voll eingelenkt bei niedriger Geschwindigkeit hinterlassen die Reifen vier einzelne Spuren...«

»Vier verschiedene Spuren bedeuten, daß jede Spur ihren eigenen Weg zurücklegt und daß sich jedes Rad unterschiedlich schnell dreht. Beim Pkw ist das kein Problem, da das Differential den Unterschied zwischen den zwei Antriebsrädern ausgleicht. Die nicht angetriebenen Räder können so schnell rollen wie sie wollen.«

»Beim Allradantrieb sieht es anders aus, dort rollen alle Räder mit der gleichen Geschwindigkeit. Im Gelände ist das unproblematisch, da das eine oder andere Rad rutscht und so für Ausgleich sorgt. Auf befestigten Straßen kann es Probleme geben. Auch mit zwei Differentialen werden die zwei Antriebsachsen doch gezwungen, gleichmäßig schnell zu rotieren, was in der Kurve zu unnötigen Verspannungen im Antriebsstrang führt. Das Resultat ist eine unnötige Belastung der Antriebsteile und irgendwann ein teurer Knacks irgendwo.«

»Das Geheimnis des Quadra-Trac ist ein Verteilergetriebe am Getriebeausgang. Die Leistung wird anfangs aufgeteilt, bevor sie zur Vorder- oder Hinterachse geht. Ein Differential vor den beiden Differentialen vorn und hinten gibt also erstmals den Achsen die Möglichkeit, unterschiedlich schnell zu arbeiten. Quadra-Trac kann durchdrehende Räder verhindern und teilt das Drehmoment nach vorhandenem Grip auf, nicht nach fehlendem Grip. Für schwierige Geländeeinsätze können aber die Differentiale mit Hilfe eines Hebels im Handschuhfach gesperrt werden.«

Neben einem verbesserten Fahrverhalten im Gelände und auf der Straße, war das Quadra-Trac-System auch leiser, verringerte den Reifenverschleiß und machte die Freilaufnaben überflüssig. Das Quadra-Trac wurde serienmäßig im Wagoneer mit Automatikgetriebe und dem 175 PS V8 eingebaut. Auch der V8

***Den neuen Cherokee gab es in zwei Ausführungen, Basis oder »S« (für Sport). Das S-Modell (rechts oben) hatte verchromte Stoßstangen und Zierleisten für die Scheiben, ein nettes Seitendekor, hintere Schiebefenster, Alufelgen, Dachträger und ein »S«-Emblem am Heck. Die Jeep Trucks bekamen 1974 neue Modellbezeichnungen, zum zweiten Mal in ihrer Produktionsgeschichte (rechts Mitte). Jetzt gab es den J-10 und den J-20, mit 302 beziehungsweise 332 cm Radstand. Die Querträger waren außerdem verstärkt, Scheibenbremsen kamen dazu, die Vorderachse war neu und die Räder waren mit sechs Bolzen befestigt. Der Commando (rechts unten) kam nur noch in der Werbung vor, wurde aber nicht mehr gebaut.***

1974

1974

PIONEER
1974

mit 195 PS konnte mit Quadra-Trac ausgestattet werden.

1973 folgten auch viele weitere Neuigkeiten, die meisten bestanden in Qualitätsverbesserungen für den Wagoneer. Die Kupplung und der Achsantrieb wurden verstärkt. Die Instrumente am Armaturenbrett wurden zu drei Hauptgruppen zusammengefaßt, die Bestükkung war komplett: Tacho, Warnleuchten, Uhren für Benzinstand und Öldruck, für Motortemperatur und Stromversorgung. Sämtliche Tasten und Schalter hatten internationale Symbole statt einer Beschriftung und waren leicht zu bedienen. Neu waren auch Lenkrad, Armlehne, Uhr und Zündschloß mit abschließbarer Lenksäule. Die Lenksäule war beim Aufprall energieabsorbierend.

Die J-Reihe wies die gleichen Neuerungen wie der Wagoneer auf, bekam aber auch neue Rücklichter und und eine doppelte Verschalung auf der Ladefläche des Pickups. Größtes Modell war jetzt der Dreiviertel-Tonner J-4800 mit fast 4000 Kilo Bruttogewicht.

Die CJ-Modelle bekamen ebenfalls die neuen »Soft-Feel«-Tasten, die Armaturen mit orangen Nadeln erhielten eine grüne Beleuchtung. Serienmäßig hatten die Scheibenwischer zwei Geschwindigkeitsstufen und eine Wischwasch-Anlage. Neben der Renegade-Ausführung gab es jetzt auch den Super Jeep, einen optisch getunten CJ-5 mit Sechszylinder.

Die letzte Ausführung des Jeepster, der 1973 noch produziert wurde, war wahrscheinlich die beste, trotz eines unglücklichen Facelifts, das ihm AMC angedeihen ließ. Der AMC-Fünfliter-V8 war auch erhältlich, er muß beim Commando Wunder gewirkt haben.

Im Gelände oder im Farmbetrieb konnte der Jeepster/Commando nie mit dem CJ mithalten. Sollte er auch nicht. Aber es gab keinen vielseitigeren Familienwagen.

Die SJ-Reihe (Wagoneer) wurde 1974 um ein neues Modell erweitert, den Jeep Cherokee. Der Zweitürer war 1968 aus dem Programm genommen worden und der Cherokee - etwas einfacher ausgestattet als der 1974er Wagoneer - trat im gewissen Sinne in seine Fußstapfen. Viel wichtiger war aber, daß der Cherokee direkt mit den Zwillingsmodellen Blazer/Jimmy von General Motors konkurrieren konnte.

Die Basismotorisierung für den Wagoneer bildete der 5,9-Liter-V8 mit Doppelvergaser, auf Wunsch waren auch die Vierfachvergaser-Ausführung sowie der größere 6,5-Liter-V8 erhältlich. Der Cherokee dagegen mußte sich mit dem 4,2-Liter Sechszylinder begnügen, gegen Aufpreis gab es den V8.

Für beide, Wagoneer und Cherokee, kamen 1974 einige wichtige Verbesserungen: Sie bremsten besser. Die Bremsanlage war immer ein Schwachpunkt gewesen. Eine Kombination aus servounterstützten Scheiben- und Trommelbremsen eliminierte zum größten Teil jene nachlassende Wirkung, die die früheren Modelle geplagt hatte. Eine Dana-44-Frontachse verringerte den Wendekreis um fast 1,8 Meter, der Radstand war um 2,5 Zentimeter kürzer. Dazu kam eine neue, progressive Lenkanlage (Saginaw Power Steering), die deutlich mehr Fahrbahnkontakt vermittelte als früher.

Die Federung war immer noch ziemlich unsensibel, aber dennoch hatte sich der Komfort verbessert. Nur einige Jahre zuvor wäre die Idee von einem Geländewagen mit Automatik, Servolenkung, Klimaanlage, Scheibenbremsen und permanentem Allradantrieb als Utopie erschienen, doch inzwischen war er Wirklichkeit geworden. Die Redakteure von *Road & Track* bezeichneten den Wagoneer als »den ausgereiftesten Allradwagen in diesem Land«.

Einen Commando gab es 1974 nicht

***Der CJ-5 (rechts oben) erschien 1975 in vielfach verbesserter Form, ein stärkerer Rahmen, Radio und Jeans-Bezüge für Sitze und Innenverkleidung gehörten dazu. Der Cherokee Chief erschien im Januar 1975 (rechts unten) und kostete 349 Dollar mehr als das S-Modell, hatte aber auch mehr als nur Dekor zu bieten. Die breitere Spur machte Kotflügelverbreiterungen notwendig, was einen bulligeren Eindruck ergab. Die Innenausstattung des Chief war ebenfalls geändert worden. Mit dem neuen Modell hatte Jeep nun die Lücke im Wagon-Programm geschlossen. Das billigste Modell war der Cherokee, in der Mittelklasse rangierte nun der Chief und im oberen Preissegment der Wagoneer.***

JEEP 75
Jeep

Cherokee Chief
Cherokee Chief
JEEP 75

Cherokee Chief
JEEP 75

mehr, aber die Modelle CJ-5 und CJ-6 liefen brav ohne größere Änderungen weiter. Das Material der Bremsbeläge wechselte, es gab neue Hauptbremszylinder und, zum ersten Mal, Entlüftungsventile. Um die neuen Abgasvorschriften zu erfüllen, wurden alle V8-Motoren für die CJ-Modelle entsprechend modifiziert. Auf Wunsch gab es auch die verformbaren Stoßstangen, die der neuen US-Norm entsprachen. Rempler bis zur 5 mph (8 km/h) mußten sie ohne Schäden verkraften.

Für die Jeep Trucks standen inzwischen mehrere Styling-Pakete zur Wahl. Sie beinhalteten verschiedene Dekorsets, Doppel-Hupe, Extrascheinwerfer, Zweifarb-Lack und Holzimitat-Verkleidungen. Von 1974 bis 1978 konnten Geschwindigkeitsfanatiker den 6,75-Liter-V8 mit Vierfachvergaser gegen Aufpreis ordern. Er kam um nur 94 Dollar teurer als der serienmäßige 5,9 Liter.

Die meisten Neuheiten 1975 betrafen die CJ-Modelle, einmal mehr unterstrichen sie deren Rolle als Mädchen für alles. Die Rahmen der CJ-5 und CJ-6 wurden stärker dimensioniert und die Zahl der lieferbaren Variationen erhöht.

Der Levis-Jeep schmückte sich mit Sitzbezügen, Armaturenbrett und Sonnenblenden in blauer oder khakifarbener Jeans-Optik. Oberhalb des Jeep-Emblems auf der Motorhaube saß außerdem ein Zusatzschild mit dem Levis-Logo.

Erstmals wurde der CJ serienmäßig mit einem Radio bestückt, es saß unterhalb des Armaturenbretts in einem wasserdichten Kasten. Ein Hardtop ab Werk feierte ebenso Premiere wie auch der ab 1976 in Kalifornien obligatorische Katalysator, der bleifreies Benzin notwendig machte.

Wagoneer und Cherokee kamen in den Genuß einer elektronischen Zündung; Motor und Auspuff wurden besser wärmeisoliert. Die SJ-Modelle erfuhren

*AMC warb so, wie es Jeep seit eh und je getan hatte, nämlich mit den vielfältigen Einsatzbereichen (links oben), aber die Autos selber wurden immer komfortabler und besser ausgestattet. Interessant war das Levis-Paket mit Jeans-Innenausstattung (links unten).*

*Die meisten Jeeps konnten ab 1975 mit einer elektronischen Zündung aufwarten, der Truck (rechts oben) mit einigen kleinen Änderungen an Motor, Aufhängung und Ausstattung. Die Zeitschrift Four Wheeler bezeichnete den »Halbtonner-Jeep Truck« als »vielleicht einen der besten Geheimtips in der Allradwelt«. Der Wagoneer (rechts unten links) trug jetzt größere Dekorflächen an den Flanken, der Kühlergrill war schon im Jahr zuvor geändert worden. Anfang 1976 stellte AMC den Honcho Pickup vor. Mit diesem aggressiven Ausstattungspaket kostete er 5680 Dollar und bot unter anderem die Reifen, Achsen und breiteren Kotflügel des Cherokee Chief.*

CATERPILLAR
JEEP·75

JEEP·75

Honcho

Modifikationen an der Federung, jetzt mit fünf Blattfedern (hinten progressiv) und längeren Dämpferbeinen. Die Innenausstattung des Custom Wagoneer geriet etwas komfortabler, dazu gehörten nun eine zusätzliche Innenbeleuchtung, das AM/FM Radio, der Defroster für die Rückscheibe, ein Tempomat sowie Teppichboden. Und jetzt konnte die Levis-Ausstattung auch in die SJ-Modelle eingebaut werden.

Die Pickup-Modelle konnten 1975 wahlweise mit der Pioneer-Ausstattung ausgerüstet werden, sie umfaßte Holzpaneel-Dekor, dickere Teppiche, geraffte Textilsitzbezüge, eine verchromte vordere Stoßstange, verchromte Fensterzierleisten, blanke Radkappen, eine Doppel-Fanfare, Holzimitat auf dem Armaturenbrett und noch einige andere Kleinigkeiten. Ein »Camper Special« stand ebenfalls in der Liste. Außerdem bekam die J-Reihe die gleichen technischen Modifikationen wie Wagoneer.

Die Produktionszahlen stiegen langsam und erreichten das gleiche Niveau wie vor der Übernahme durch AMC. Jeep stellte 1974 93.317 Fahrzeuge her, 1975 waren es 108.612. Der Verkauf in Kanada erhöhte sich um elf Prozent im Vergleich zum Vorjahr, und AMC- und Jeep-Händler machten den drittbesten Umsatz in ihrer Geschichte. Im April 1975 rollte der 400.000. Jeep unter AMC-Regie vom Fließband.

1976 verschwand der CJ-6 aus dem Programm, er wurde jetzt endgültig vom CJ-7 ersetzt. Nur für den Export bestimmt war der CJ-6A, er lief bis 1981 weiter. Der CJ-7 hatte einen Radstand von 237 Zentimetern, 25 Zentimeter mehr als der CJ-5. Die Verlängerung ermöglichte den Einbau eines Automatikgetriebes ebenso wie die Verwendung des Quadra-Trac.

Der Rahmen wurde mit steiferen Querträgern verstärkt, AMC versuchte dennoch, diesem neuen CJ etwas Luxus mitzugeben. Dazu gehörte das neue Kunststoff-Hardtop, Stahlblechtüren und Kurbelfenster.

Alle CJ-Modelle erhielten neue Rücklichter und eine klappbare Frontscheibe mit Scheibenwischermotoren. Das abschließbare Lenkrad hatte jetzt zwei Speichen und saß auf einer Sicherheitslenksäule. Für mehr Beinraum sorgte ein neues Armaturenbrett und ein neuer Boden. Die Lüftungsdüsen verdienten jetzt ihren Namen und der ganze Vordersitz war nach vorne verschiebbar, um den Fondpassagieren den Einstieg zu erleichtern. Für beide Modelle, CJ-5 und CJ-7, war auch das Renegade-Paket erhältlich.

Die Verbraucherzeitschrift *Consumers Guide* testete den CJ-7 mit Stoffverdeck und 4,2-Liter-Motor und fand ihn für Straße und Gelände gleichermaßen gut geeignet. »Fahrverhalten und Komfort auf der Straße entsprechen nahezu dem eines Pkw, eines hartgefederten Pkw wohlgemerkt. Der Sechszylinder ließ den Wagen auch bei hohem Tempo anständig leise agieren. Nur die Geschicklichkeit unserer Testfahrer oder Zeitmangel setzten die Grenzen. Der CJ-7 ist ein starkes Fahrzeug, das schweres Gelände besser bewältigt als seine Fahrer.«

Für die Truck-Modelle gab es 1976 interessante Zubehör-Pakete, etwa eine Anhängerkupplung für Wohnwagen, den Schneepflug »Snow Boss«, Winsche (mechanisch oder elektrisch), verriegelbare Radnaben und für den J-20 mit langem Radstand einen Zusatztank. Die kurzen Pickups bekamen 1976 erstmals das Honcho-Paket. So ausgestattet sah der J-10 blendend aus: mit Breitreifen, blauer Levis-Innenausstattung, Sportlenkrad und goldenen Zierstreifen. Sechs Lackalternative standen zur Auswahl. 850 Dollar mehr wurden für den Honcho fällig.

Für den Cherokee wurde die Honcho-

***Der erste neue CJ seit 1956 erschien 1976, der CJ-7 (rechts oben), wegen des Radstands von 237 cm eher ein Ableger des CJ-6, allerdings mit deutlichen Anklängen an den CJ-5. Der verlängerte Radstand sollte den Insassen im Fond mehr Beinfreiheit einräumen, aber auch Platz schaffen für Automatikgetriebe und Quadra-Trac-Allradantrieb. Der Wagoneer von 1976 (rechts unten links) und der Cherokee (rechts unten rechts) bekamen steifere Rahmen und eine verbesserte Radaufhängung vorn mit längerem Federweg (was wiederum die Verwendung einer geraden Lenkstange erlaubte). Für mehr Kurvensicherheit sorgte, auf Wunsch, eine Querstabilisator, der bei Cherokee und Wagoneer in der Aufpreisliste stand.***

RENEGADE
1976
Jeep

1976

Ausstattung mit Breitreifen und ausgestellten Kotflügeln erweitert. Wagoneer und Cherokee erhielten verstärkte Rahmen, erstmals stand bei der SJ-Reihe ein vorderer Stabilisator auf der Aufpreisliste.

Der Stabi war eher für die Straße gedacht, da der Wagoneer in Kurven wegen der langen Federwege sich stark zur Seite neigte. Das besserte sich nun, ging aber zu Lasten der Geländetauglichkeit.

1977 folgte ein viertüriger Cherokee. Technisch identisch mit dem Wagoneer, unterschied er sich in der Optik und durch den Reihen-Sechszylinder. Den Allradantrieb konnte der Fahrer an den Radnaben aus- und einschalten. Das Quadra-Trac-System gab es gegen Aufpreis.

Auch bei diesem Auto bot AMC verschiedene Pakete an, die Optionen bestanden im »S«-Paket und dem »Cherokee Chief«. Chief, zum Preis von 469 Dollar, umfaßte, neben dem obligaten Dekor innen und außen, Breitreifen, entsprechende Felgen und Kotflügel-Verbreiterungen. Das S-Paket - für 599 Dollar - enthielt, wie *Car and Driver* meinte, »alles was zu einem Auto gehört, wie Armlehnen, Aschenbecher, Signalhorn, Matten, Vinylsitze usw, kurzum das, was den Unterschied zwischen einem Armee-Wagen und einem Auto für den täglichen Transport ausmacht«.

Die Testmannschaft fuhr einen Sechszylinder-Cherokee einen Monat lang über 4500 Meilen unter harten und wechselnden Bedingungen. Der Wagen war mit Quadra-Trac und Automatikgetriebe bestückt (wieder die Turbo-HydraMatic von General Motors), zusammen mit dem S-Paket, Klimaanlage, Servolenkung, Radialreifen, Stabi vorn und anderen Kleinigkeiten. Es war also beileibe kein Basis-Modell, wenn auch der Sechszylinder ihn beinahe zu einer Billigversion machte. Mit dieser Ausstattung kostete Cherokee 8010 Dollar, etwa

*AMC bezeichnete den neuen Cherokee als »anderthalb Jeeps« (links). Er böte die Geländetauglichkeit eines echten Jeeps, aber auch den Komfort und die Bequemlichkeit eines normalen Autos.*

*Dem Honcho-Paket von 1976 folgte 1977 der Golden Eagle (rechts oben rechts). Für 749 Dollar bekam der Kunde 8 Zoll-Räder, einen Überrollbügel für die Ladefläche, Rammbügel für den Grill, Extrascheinwerfer, Levis-Sitze und das Dekor mit Stripes und Adler auf der Motorhaube. Beim Wagoneer von 1977 gab es wenig Neues, sieht man einmal davon ab, daß Jeep die Luxusversion aus dem Programm strich. Ersatz bot AMC in Gestalt des viertürigen Cherokee (rechts unten links). Er kostete 5736 Dollar und lag genau zwischen dem Wagoneer-Viertürer und dem Cherokee-Zweitürer.*

BUTLER
aviation
Jeep

golden eagle

1977
Cherokee Chief

2000 mehr als Buick Estate Wagon von 1977.

Was dem einen gefällt, ist nicht unbedingt jedermanns Sache. *Car and Driver* lobte die sonst so oft kritisierte straffe Federung:

»Der Cherokee, wie auch der Wagoneer und die anderen Jeep-Modelle, hat eine Federung, die Traditionalisten Freudentränen vergießen läßt - sehr stabile Achsen vorn und hinten, an allen vier Ecken blattgefedert. Klassisch! Grundlegende Stärken. Die exzellente Dämpfung und die Servolenkung filtern die meisten Stöße ab, aber der Fahrkomfort kann nur mit dem Ausdruck "beruhigend robust" beschrieben werden. Freunde, es geht hart zu, aber aus irgendeinem perversen Grund mochten wir es.«

Der Sechszylinder benahm sich einwandfrei und einige Testfahrer »bemerkten nicht einmal, daß sie mit einem einfachen Sechszylinder und nur 110 PS unterwegs waren«. Die Höchstgeschwindigkeit betrug 145 km/h, mehr als man erwarten konnte. Die Viertelmeile wurde in 21.2 Sekunden bewältigt, 102 km/h standen dann auf der Uhr. Nicht schlecht.

Den nachhaltigsten Eindruck hinterließ aber der Quadra-Trac. Die Testmannschaft begab sich sogar auf eine Motocross-Strecke.

»Eine mit Schlamm gefüllte Bachfurche überquerte der Cherokee problemlos. Eine Woche später hatten wir das fragwürdige Vergnügen, 13 Stunden von Snover in Michigan nach New York unterwegs zu sein. Zwischen Syracuse und Liberty legte ein Schneesturm zehn Zentimeter Neuschnee in zwei Stunden. Der Cherokee weigerte sich trotzdem, Fehler zu machen. Wir pflügten den Weg für kleinere Fahrzeuge frei, konnten mühelos mit 100 um die Kurven fahren und nicht einmal brach das Heck aus. Es funktioniert.«

*Car and Driver* zog die Schlußfolgerung: »Das nützlichste, praktischste und komfortabelste Allrad-Fahrzeug, das wir je gefahren sind. Ein seriöser Kandidat für unseren nächsten Dienstwagen. Wie wir schon sagten: lieb, auf eine komische Art.«

Die CJ-Reihe unterzog sich weiteren Änderungen, jetzt mit Klimaanlage und servounterstützten Scheibenbremsen. Die kräftigere Vorderachse und den Rahmen aus ganz geschlossenem Vierkantprofil konnte der glückliche Besitzer nicht sehen, die neuen Golden-Eagle-Optionen aber schon.

Der Adler schlug mit nur 200 Dollar mehr zu Buche als der etwa gleich ausgestattete Renegade, insgesamt kam der Jeep dann auf 6800 Dollar. Der braune Lack wurde mit einem Adler in Weiß, Gold und Schwarz über die ganze Haube dekoriert. Weiter enthielt das Paket Breitreifen, Reserverad hinten, Levis Verdeck, Kotflügelverbreiterungen, ein Schloß fürs Reserverad, Komfortdetails, Dekorstreifen, Drehzahlmesser, Uhr und Matten: Mehr gab die Ausstattungsliste nicht her, der Eagle war komplett ausgestattet. Die erste Baureihe umfaßte 2000 Fahrzeuge, später wurden weitere 200 gebaut.

Ein ähnliches Golden-Eagle-Paket wurde 1978 auch für die Trucks angeboten. Es kostete 999 Dollar und umfaßte auch Extrascheinwerfer auf einem Überrollbügel. Golden-Eagle-Aufkleber schmückten Haube und Unterseiten der Türen. Eine verchromte Stoßstange vorn, eine extra Stoßstange hinten, goldene Felgen (schwarz abgesetzt und mit Breitreifen versehen), Sitze mit Levis-Bezug, ein gebürstetes Alu-Armaturenbrett, blanke Fensterzierleisten, eine khakifarbene Innenverkleidung, Sportlenkrad, Gold/Grün/Orange-Dekorstreifen für die Tür und ein Cabrioverdeck vervollständigten die Liste.

Der Wagoneer Limited wurde im

***Das Ausstattungspaket Honcho (rechts oben) kehrte für die Pickups 1978 zurück: mit einem neuen Dekor, das »10-4« hieß. Es ging zumeist nur um optisches Tuning, aber zum 10-4 gehörte auch einen Anlage mit CB-Funk. Außen änderte sich 1978 bei Wagoneer und Cherokee nur wenig, innen dafür etwas mehr: Farblich abgestimmte Sicherheitsgurte, neue Huptasten, weichere Vinylbezüge sowie neue Armlehnen. Und der Tankdeckel fand einen neuen Platz. Die CJ-Modelle erhielten eine neue Heizungs-/ Lüftungsanlage und das Paket Golden Eagle (rechts unten rechts) wurde 1978 wieder angeboten.***

Honcho
Jeep

Modelljahr 1978 eingeführt und war sofort ausverkauft. Neben dem, was der Wagoneer jetzt sowieso schon serienmässig besaß (5,9-Liter-Doppelvergaser-Motor, Quadra-Trac, Automatik, Servolenkung, Scheibenbremse, Matten und voller Instrumentierung) hatte das Sondermodell eine Klimaanlage, getönte Scheiben, elektrische Fensterheber hinten, AM/FM/CB-Radio, Dachträger, Alugußräder und noch einige andere Leckerbissen. Dazu gehörte auch der mit Vierfachvergaser ausgerüstete 6,57-Liter-V8.

Spätestens jetzt war klar, daß AMC in Sachen Luxus den Konkurrenten von Ford und Chevrolet den Rang abgelaufen hatte. Die Verkaufszahlen stiegen, und AMC vermeldete einen Gewinn von 83.944.000 Dollar; Jeep hatte mit 180.514 Einheiten kräftig zu diesem Rekordergebnis beigetragen. Die AMC-Kriegskasse war jetzt mit 235 Millionen Dollar gut gefüllt - was sich allerdings bald ändern sollte.

Wenig änderte sich 1979, zumindest soweit es die Modellpalette betraf. AMC modifizierte nur, was die ständig strengeren Abgas- und Umweltvorschriften erforderten. Der Rest war Kleinkram: Der Wagoneer bekam einen neuen Grill mit rechteckigen Scheinwerfern. Einzige Motoralternative war der 5,9-Liter V8, obwohl der Cherokee auch mit dem Reihen-Sechser zu haben war. Ein Lärmisolierungspaket (»Extra-Quiet«), war gegen Aufpreis erhältlich, ebenso eine weichere Federung.

Diese weichere Abstimmung gab es für alle Cherokee, lediglich das Modell mit breiterer Spur war ausgenommen. Der Satz umfaßte weichere Blattfedern und Stabilisator, wurde aber nicht für Geländeeinsätze empfohlen.

Die Jeep Trucks kamen in den Genuß der gleichen Änderungen, einschließlich des neuen Grills. Neu war auch eine Frontstoßstange aus Aluminium, mit zusätzlichen Stoßstangenhörnern in Schwarz. Zwei Motoralternativen standen im Programm, der 5,9-Liter-V8 und der 4,2-Liter-Sechszylinder.

AMC speckte durch dünneres Stahlblech die CJ-Modelle ab, die neuen Jeep waren fast 40 Kilo leichter. Zu den bekannten Optikpaketen Golden Eagle und Renegade gesellte sich noch das Sondermodell »25th Anniversary CJ«: Silber-Metallic, schwarzes Verdeck, schwarze Schalensitze und eine entsprechende Jubiläumsplakette.

1980 gab ein neuer CJ-Basismotor sein Debüt, der Hurricane. Es handelte sich um den Vierzylinder »Iron Duke« von Pontiac. Mit 101 mm Bohrung, 76 mm Hub und einer Verdichtung von 8,2:1 lieferte er 82 PS bei 4000 Umdrehungen. Daß er verwendet wurde, war eine Reaktion auf die letzte Ölkrise. Ab Werk bereits installiert waren die manuell umstellbaren Radnaben für den Allradantrieb.

Die erste größere Modellpflege nach sieben Jahren bei den SJ- und J-Reihen bestand darin, daß sie 1980 mit permanentem oder zuschaltbarem Allradantrieb angeboten wurden. Möglich war das dank des neuen, vollsynchronisierten Vierganggetriebes von Tremec und des Vorgeleges New Process 208. Dieses Verteilergetriebe konnte auch mit dem neuen Chrysler Torque-Flite-Getriebe zusammen verwendet werden. Auch das Quadra-Trac-System wurde durch die Viskokupplung, die die konische Kupplung ersetzte, verbessert.

*Das Jeep-Modellprogramm war nicht sonderlich groß, es gab 1975 vier verschiedene Typen, 1976 kam ein weiteres Modell dazu. Die Werbung suchte sich aber ihr Motive immer noch auf dem Land.*

*Sämtliche CJ-Modelle bekamen Katalysatoren und leichtere Karosserieteile. Das Gewicht verringerte sich um fast 40 Kilo, bleifreier Kraftstoff war obligatorisch. Golden Eagle (rechts oben) und Renegade (rechts unten) wurden für 1979 überarbeitet. Das durchgefärbte Kunststoff-Hardtop des Eagle hatte getönte Scheiben hinten, das aufstellbare Sonnendach kostete extra.*
*Der Renegade bot eine neue Optik und Speichen-Stahlfelgen. Zum 25. Geburtstag erschien, in limitierter Auflage, der Silver Anniversary CJ 5, in Silber lackiert und mit einer Plakette auf dem Armaturenbrett.*

golden eagle
Jeep
Jeep
GOODYEAR
TRACKER A-T

Renegade
Jeep
JEEP 79
MICHIGAN
GOODYEAR
TRACKER A-T

*Car and Driver* studierte den Wagoneer von 1980 näher: »Seine große Stärke ist sein Alter und die Tatsache, daß die Konstrukteure Zeit hatten, alles zu korrigieren. Er ist solide, zuverlässig und alles wirkt wie aus einem Guß ... Schade nur, daß er sich wahrscheinlich seinem Lebensende nähert. Er ist zu durstig und zu groß, um lange überleben zu können.«

Zum erstenmal seit 1973 gab es für die Truck-Karosserien auch Trittbretter, allerdings nur beim Sportside. Er hatte blanke Zierleisten und Armaturenbrett aus gebürstetem Aluminium. Die Leistung sank auf 129 PS beim 5,9-Liter-V8. Die Möglichkeiten des optischen Tunings dagegen stiegen ständig weiter, vom Custom für 149 Dollar zum Laredo für satte 1600 Dollar.

Für AMC war 1980 kein gutes Jahr, die Verluste beliefen sich auf unglaubliche 155 Millionen Dollar! Im gesamten Kalenderjahr betrug der Verlust 197 Millionen. Die Rezession hatte der amerikanischen Industrie den Wind aus den Segeln genommen und AMC war zu klein, um solche Verluste wegstecken zu können.

AMC hatte über seine Händler seit mehreren Jahren Renault-Autos vertrieben und hoffte, durch die Vielfalt des Angebots und der Import-Modelle überleben zu können. Das Ende vom Lied war aber, daß AMC gezwungenermaßen an Renault 20 Millionen Aktien zu einem Preis von 122,5 Millionen Dollar überließ. Die Händler zeigten sich besorgt, da Renault jetzt 46,4 Prozent der Aktien hielt. Doch die einzige Alternative wäre ein Konkurs gewesen. Jeep, das uramerikanische Wunder, war also nun, über AMC im Besitz von Renault, und hinter Renault stand der französische Staat...

Im folgenden Jahr erschien der CJ-8, der Wrangler. Er war ab dem 25. März 1981 im Verkauf. Beim neuen Jeep han-

*AMC führte 1976 wieder den »Super Jeep« ein (links oben). Das Modell hatte Überrollbügel, Sonderdekor (auch auf den Sitzen), den Reihen-Sechszylinder und Polyglas-Reifen. Hauptprodukt in der Werbung war der neue CJ-7 (links unten). Optisch bestand der größte Unterschied in den eckigeren Türausschnitten im Vergleich zu denen des CJ-5.*

*Unterschiede zwischen dem Honcho von 1979 (rechts oben rechts) und dem von 1981 (rechts oben links) sind leicht zu erkennen: Die Lippe oberhalb der Frontscheibe verschwand, das Dekor sah anders aus, ebenso Grill und Rammstoßstange. Trittbretter gab es auf Wunsch. Cherokee Chief und Wagoneer (rechts Mitte und unten) bekamen einen verchromten Kühlergrill und verloren etwa 45 Kilo Gewicht.*

Jeep
Honcho
JEEP81

Honcho

Jeep
CHEROKEE CHIEF
JEEP81

delte es sich um einen verlängerten CJ-7 mit einer 1,5 Meter langen Box auf der Ladefläche. Von der Fahrerkabine aus nach vorn war er mit dem CJ-7 identisch. Die technische Basis blieb ebenfalls unangetastet. Erhältlich - gegen Aufpreis - waren Hardtop, Stahlblechtüren und eine Ladeklappe hinten.

Veredeln konnte man ihn durch zwei Stylingpakete, SR und SL Sport. Der SR-Kit bestand aus hohen Schalensitzen, Dekorstreifen, weißen Stahlfelgen und »Scrambler«-Logo auf der Haube. SL Sport bedeutete Schalensitze, Leder-Lenkrad, Beifahrer-Haltebügel, eine Instrumentenkonsole, Uhr und Drehzahlmesser. Der Scrambler konnte sogar mit Holzleisten auf der Ladefläche ausgestattet werden. Insgesamt war der Wrangler nicht mehr als eine nette CJ-Variante, im ersten Jahr wurden 8355 Stück gebaut, danach ließ das Interesse stark nach.

Die übrigen CJ-Modelle bekamen einen geänderten und leichteren Sechszylinder-Motor, der weniger Sprit benötigte. Mit diesem Motor kam auch Chryslers Torque-Flite Getriebe. Kleine Änderungen betrafen den Einstieg sowie neue Dekorstreifen.

Die Wagoneer-Reihe umfaßte 1981 drei Modelle, Custom, Brougham und Limited; Frontspoiler und schwimmend gelagerte Bremssättel waren neu.

Noch immer bildete der Reihen-Sechszylinder mit 4,2 Liter Hubraum die Basisstufe der Motorisierung, erhältlich war aber auch der 5,9-Liter-V8. Trotz des unveränderten Hubraums handelte es sich beim Sechszylinder um ein tiefgreifend überarbeitetes Triebwerk. Fünfzehn Kilo wurde der Motorblock leichter, beim Zylinderkopf waren es fast sechs Kilo. Alu ersetzte das Gußeisen für den Einlaßtrakt und für den Ventildeckel. Eine neu profilierte Nokkenwelle und die neue Abgasreinigung verringerten die Leistung von 118 auf 110 PS, erwiesen sich aber als Gewinn für die Wirtschaftlichkeit. Insgesamt war der neue Jahrgang rund 40 Kilo leichter als noch der Vorgänger.

Die J-Reihe erfuhr die gleichen Änderungen wie Wagoneer und Cherokee und verlor endlich auch die merkwürdige Oberlippe an der Dachkante. Gleichzeitig kamen neue Windschutzscheiben und Leisten. Das Karosserieblech wurde nur auf einer Seite galvanisiert, die andere Seite dagegen mit heißem Wachs behandelt. Die Pickups wurden um 2,5 cm tiefer gelegt, dank neuer Federn. Eine Servolenkung gehörte nun zum serienmäßigen Lieferumfang der J-Reihe.

Technische Änderungen folgten auch 1982, aber da der Wagoneer ein serienmäßiges Automatikgetriebe erhalten hatte, kam er nicht in den Genuß der größten Neuigkeit, die AMC zu bieten hatte: Cherokee und J-Trucks konnten nun mit einem manuellen Warner Gear T5-Fünfganggetriebe aufwarten. Der fünfte Gang war eigentlich ein Overdrive, entweder 0,76:1 oder 0,86:1 übersetzt, je nach Motor und Endantrieb. Styling-Pakete gab es mehrere: »Chief« und »Laredo« für den Cherokee sowie »Brougham« und »Limited« für den Wagoneer.

Für die Trucks gab es das Styling-Paket Pioneer. Es enthielt all die Goodies, die zum Custom-Paket gehörte plus speziellen Holzdekor-Seitenteilen, hinteren Dekorstreifen, Pioneer-Aufklebern, ei-

*Für 1977 wurde die Werbung nostalgisch. Sicherlich konnte sich Jeep einer langen Tradition rühmen, aber die Überroll-Gefahr des CJ-5 zog wachsende Kritik auf sich.*

*Der Cherokee Chief von 1981 (rechts oben) war auch mit schwarzlackiertem Grill und kleineren Radöffnungen erhältlich. Das Honcho-Paket 1981 für den Pickup (rechts unten rechts) umfaßte eine Reling aus echtem Holz, aber nur für die Karosserie mit Trittbrett. Das Luxuspaket für die CJ-Reihe 1980 hieß Laredo (rechts unten links), kostete 1950 Dollar und konnte mit allem Komfort aufwarten, den die Aufpreisliste zu bieten hatte. Ein netter Gag war die Laredo-Plakette auf dem Armaturenbrett.*

Jeep
Cherokee Chief
JEEP81

JEEP81

nem schwarzen Grill, Teppichboden in Fahrerkabine, Sitze mit Textil- und Vinyl-Bezügen, Holzblenden für das Armaturenbrett, Sportlenkrad, lackierte Stoßstange mit Trittstufe hinten, zusätzlichem Stoßstangenhorn vorn, einer effektiveren Geräuschdämmung, Radabdekkungen (nur bei J-10) und Zusatzscheinwerfer. Das Honcho-Paket gab es weiterhin, aber nur für den Sportside.

Alle CJ-Neuigkeiten des Jahres 1982 waren optischer Natur. Die teuerste Alternative hieß Limited und bot für den CJ-7 fünf verschiedene Lackierungen an. Hier gab es sämtliche bisherig angebotenen Zubehörteile, plus einiger neuer: Der Kit machte aus dem CJ endgültig einen Straßenschlitten. Damit gab es in allen Jeep-Baureihen reine Straßenausführungen.

In diesem Jahr fand auch der dreißigste Jahrestag der Jeepers Jamboree statt, AMC feierte das mit einer »30th. Anniversary Commemorative Edition«. Nur 2500 Stück wurden gebaut, sie hatten den Jamboree-Schriftzug auf der Haube, Chromräder, eine schwarze Hülle für das Reserverad mit Jamboree-Logo, ein schwarzes Vinyl-Top und Dekorstreifen. Eine numerierte Plakette am Armaturenbrett gehörte ebenso dazu wie das gerahmte Echtheitszertifikat, das beim Kauf ausgehändigt wurde.

Der Scrambler lief unverändert weiter, allerdings war das Zubehörangebot kräftig aufgestockt worden, etwa um einen 90-Liter-Benzintank und ein Fünfganggetriebe (Overdrive). Das Modell verkaufte sich knapp 8000 mal und wurde mehr und mehr zum Nischenmodell und nicht zu dem Volumenmodell, das AMC sich erhofft hatte.

AMC geriet immer stärker unter den Einfluß von Renault. W. Paul Tippet Jr. wurde AMC-Vorstandsvorsitzender und Jos, J. Deduerwaerder Präsident. Roy Chapin, sein Vorgänger, sollte einen neuen Führungsausschuß leiten.

*Nachdem sie jahrlang nur Zierstreifen und Zubehör zu feiern hatten, konnten sich die Jeep-Werber 1981 endlich wieder mit einem neuen Modell beschäftigen: dem Scrambler.*

*Mechanisch war der Scrambler ein Zwilling des CJ-7, bot aber auch als Pickup 1,5 Meter Ladefläche. Die offene Ausführung mit Verdeck kostete 7288 Dollar, mit Hardtop 7922 (rechts oben). Erhältlich war auch eine Version mit Verdeck und Stahlblechtüren. Der Wagoneer hatte sich 1982 weder innen noch außen erkennbar verändert (rechts Mitte links), und der Wagoneer (rechts Mitte rechts) auch nicht. Halogen-Scheinwerfer und AM/FM-Radio/Kassettenrecorder, waren gleichwohl neu.*
*Renegade (rechts unten rechts) und Laredo (rechts unten links) liefen 1982 mit wenigen Änderungen. Das Limited-Paket wurde aber teurer und kostete jetzt 2895 Dollar.*

Jeep

JEEP 82

Jeep
JEEP 82

LAREDO
Jeep
JEEP 82

RENEGADE
Jeep

*Automotive News* schrieb 1982: »AMC ließ offiziell mitteilen, es handele sich um eine Ehe, es gibt aber keinen Zweifel, daß Renault den Haushalt führt.«

Vor diesem Hintergrund wird auch der Verkauf von AM General an die LTV Corporation (170 Millionen Dollar) verständlich: AM General hatte damals schon den Vertrag für den Hummer in der Tasche, und da Renault vom französischen Staat kontrolliert wurde, hätte es nicht gut ausgesehen, wenn im Endeffekt ein ausländisches Unternehmen die amerikanische Regierung beliefern würde. Renault war außerdem enttäuscht von den Verkaufszahlen und trennte sich leichten Herzens von diesem Bereich.

Serienmäßig für die Wagoneer-Modelle und wahlweise für den Cherokee erhältlich war der zuschaltbare Allradantrieb Selec-Trac. Eine unterdruckgesteuerte Kupplung trennte die Vorderachse vom Antrieb. Das geschah, indem der Fahrer (bei stehendem Fahrzeug) einen Schalter am Armaturenbrett betätigte. Dabei mußte zuerst eine Sicherheitssperre gelöst werden. Keine Änderungen gab es bei den Dekorpaketen, es war das letzte Jahr der großen Cherokee-Modelle.

Die J-Modelle mit Automatik konnten ebenfalls mit dem Selec-Trac ausgerüstet werden; der Sechszylinder-Motor bekam außerdem eine höhere Verdichtung.

Der 4,2-Liter-Sechszylinder für die CJ-Reihe erhielt die gleichen technischen Modifikationen wie die größeren Modelle; auch optisch änderte sich einiges. Bei den Scramblern gedieh die Modellpflege am weitesten. Das Reserverad wanderte von der Heckklappe zum Überrollbügel, minimale Änderungen waren bei den SR- und SL-Ausstattungen zu verzeichnen.

Die Absatzzahlen verbesserten sich zusehends, waren 1982 noch 67.646 Einheiten verkauft worden, so wurden 1983 schon 93.169 Jeeps ausgeliefert. AMC setzte insgesamt 265.999 Autos ab, 97.000 Einheiten mehr als 1982. Im vierten Quartal des Jahres wurde ein bescheidener Gewinn von 7,4 Millionen erzielt, was aber den Gesamtverlust von 146 Millionen für das ganze Jahr nicht ausgleichen konnte.

Trotz der enormen Verluste sah es bei AMC doch nicht schlecht aus. Der Renault Alliance (ein Kleinwagen, der anderorts als R 9 verkauft wurde und den es auch als Cabriolet gab) ging ganz gut, und auch die gesamtwirtschaftliche Lage in den USA besserte sich. Dadurch stiegen auch die Auto-Absatzzahlen. Bei Jeep konnte man also getrost in die Zukunft blicken, um so mehr, als das Unternehmen sich anschickte, ein kleines neues Nutzfahrzeug vorzustellen: den XJ Cherokee.

*Die Jeep-Produktion sank 1982 auf 75.000 Stück. Es war nur die Hälfte dessen, was noch vor vier Jahren produziert worden war. Die neuen Cherokee und Wagoneer sollten aber das Blatt bald wenden.*

*Jeep stellte den Scrambler in zwei optisch verschiedenen Varianten vor, als SR und SL. Der SR (rechts oben und unten rechts) hatte Schalensitze, Komfort-Innenausstattung, Stahlfelgen, Kotflügelverbreiterungen und Dekorstreifen. Das Paket kostete 775 Dollar. Das Limited-Paket (rechts unten links) hatte alles, was für den CJ auch lieferbar, unter anderem Leder-Lenkrad, Luxus-Innenbeleuchtung und Bodenbelag.*

SCRAMBLER
JEEP 82

SCRAMBLER

## Wie der CJ sich fährt

Vielleicht hat, mit Ausnahme des VW Käfers, der Jeep CJ das bekannteste Gesicht der Auto-Welt. Die späteren sind selbstverständlich größer und wuchtiger als das Original von 1946, gehören aber eindeutig zur gleichen Familie. Die 40 Jahre zwischen Großvater und Enkel sind keine lange Zeit.

Und vom Lenkrad aus ist diese Ähnlichkeit noch deutlicher zu spüren. Mit weniger Gewicht, geringeren Maßen und tiefem Schwerpunkt fühlt der 46er sich an, als könne er überall hingelangen, und der seitengesteuerte Motor hat dafür genug Dampf. Das Getriebe fühlt sich so an wie immer, und die Zeit hat wenig dazu beigetragen, den spärlichen Federungskomfort zu verbessern. Aber bei welchem Militärfahrzeug ist der nicht spartanisch?

In den CJ-7 zu steigen ist wie der Einstieg in eine Zeitmaschine. Moderne Zeiten zeigen sich an den Sicherheitsgurten, dem Hinweisschild über bleifreies Benzin und der modernen Instrumentierung, an Sitzen und Lenkrad. Mehr Instrumente, klar, als in den Vierzigern, aber doch nicht zu modern. Das Verdeck klappert immer noch, wenn man schneller als 60 km/h fährt und die straffe Federung sowie die breiten Reifen lassen Unebenheiten bemerken, auch wo die Straße spiegelglatt scheint.

Eine dreistündige Fahrt in die Wüste konnte da kein Vergnügen sein: Mit Frau, Campingausrüstung und einem großen Schäferhund. Der Hund löst das Komfortproblem, indem er sich auf meinen Schoß setzte. »Der Sechszylinder hat Durchzug genug«, scheint er zu sagen, »laß den fünften Gang drin.« Ich weiß, der 1946er schaffte es mit drei Gängen und vier Zylindern. In den Bergen schalte ich zwischen dem Schwanzwedeln.

Endlich in der Wüste von Anza-Borrego verstehe ich, warum der CJ so lange überlebt hat. Wir düsen über Feldwege, die nie geteert werden können, und die Bachdurchquerungen schenken willkommene Abkühlung. Eine Steigung mit Felsen verlangt zwar Konzentration, wäre ich aber in einem normalen Geländewagen unterwegs, hätte ich für die Heimfahrt einen Umweg gesucht. Für die tückischen Stellen geht der Hund wieder auf den Rücksitz. Die große Bodenfreiheit läßt den CJ so mühelos überall hinfahren, daß man sich fragt, wozu wir eigentlich Straßen brauchen. Wir brauchen vielleicht mehr Zeit, haben aber Spaß dabei.

Leider ist der Fahrspaß auf den Boulevards oder Highways etwas begrenzt. Das Lenkverhalten ist tückisch, die Sicht mies, auch wenn der Fahrer hoch sitzt und die Servolenkung träge reagiert. Der kurze Radstand in Verbindung mit den hohen Schwerpunkt macht schnelle, enge Kurven schwierig zu meistern und Bodenunebenheiten zeigen schnell die Grenzen der Karosserie auf, die nicht halb so steif ist wie die Federung.

Trotz Klimaanlage, Stereoanlage und vollständiger Innenausstattung ist die letzte Ausführung des CJ nicht das beste Transportmittel für längere Strecken. Wenn man aber die Hütte im Wald erreicht hat, gibt es kein besseres. Als ich die Anfahrt hinter mir hatte, war mir klar, ich würde einen CJ nie ohne Kampf aufgeben. Und aus harten Kämpfen ist ja schließlich der Jeep geboren.

***Die Verkaufszahlen der großen Pickups hielten sich über mehrere Jahre auf einem gewissen Niveau, fielen aber 1980 von 18.000 auf weniger als 7000 Einheiten. Trotz des Luxus, den ein Honcho (rechts oben) bot, sollte der Verkauf des J-10 nie wieder die 10.000er-Marke überschreiten. Der Cherokee ging 1983 in sein letztes Jahr, führte aber zusammen mit dem Wagoneer (Mitte rechts) einen neuen Allradantrieb ein. Das neue System, Selec-Trac genannt, erlaubte den Zwei- wie auch dem Allradantrieb und stellte dem Command-Trac gegenüber eine wesentliche Verbesserung dar.***

LAREDO
Jeep

KAPITEL 9

# Klassenbester: 1984 - 1986

Die Ölkrise 1973 löste bei den amerikanischen Autoherstellern eine heftige Reaktion aus, oder jedenfalls sowas ähnliches. Der neue Chevrolet Corvette, ein Spritschlukker, erschien 1975, es dauerte aber bis 1977, erst dann stellte General Motors kleinere Wagen vor, wie den Oldsmobile Delta 88. Ford bewies erst 1978 mit dem Fairmont das neu entdeckte Umweltbewußtsein. Zwar verbrauchten diese Neulinge weniger Benzin, sie waren aber immer noch altmodisch und groß: Separates Fahrgestell und Heckantrieb waren kein Zeichen von Innovationen.

Die Pickups der drei großen Hersteller waren einfach japanische Importmodelle mit amerikanischen Emblemen, Umweltpolitik für wenig Geld. An den großen Pickups und Vans gingen die neuen Zeiten nahezu spurlos vorüber. Auch die Geländewagen blieben unverändert groß: Ford Bronco, Chevrolet Blazer und GMC Jimmy, Dodge Ramcharger und Jeep Wagoneer.

Die zweite Ökrise folgte 1979, und wieder standen die Amerikaner Schlange vor den Tankstellen, als die Preise in die Höhe schnellten. Diesmal reagierten die Hersteller etwas schneller und waren mit modernen Autos mit Frontantrieb zur Stelle, GM zum Beispiel mit dem Chevrolet Citation und Ford mit dem Escort. Im Schatten einer bedrohlichen Zukunft verkauften sich solche Autos gut, auch wenn sie nicht besonders reizvoll waren.

In dieser düsteren Atmosphäre fing AMC an, ein neues Fun-Auto zu konstruieren. Der Wagoneer, intern SJ genannt, sollte 1983, nach 20 Jahren Laufzeit, endlich ausgetauscht werden. Der Nachfolger sollte der ursprünglichen Idee dieses Autos folgen, allerdings eine modernere Optik und mehr Komfort bieten. Inzwischen war auch der Verbrauch ein Thema, und europäisches Design setzte sich mehr und mehr durch. Neue Ideen mußten her.

AMC nannte das Projekt XJ und fing mit einem weißen Blatt Papier an. Die Karosserie mußte, Tradition hin oder her, selbsttragend sein. Bis jetzt waren die meisten kleinen Geländewagen verkürzte Pickups mit einem Verdeck für Fahrer und Beifahrer. Daß die Karosserie auf einem Rahmen ruhte, wurde nicht nur produktionstechnisch begründet, sondern weil es allgemein hieß, der Rahmen müsse im Gelände flexibel sein.

Für AMC bedeutete aber eine selbsttragende Karosserie Gewichtseinsparung, durchaus wichtig in einer Zukunft, in der sogar Benzinrationierungen möglich schienen. Die Konstruktion wäre außerdem stabiler und so letztlich für Gelände zweifellos besser geeignet. Voraussetzung war allerdings eine entsprechend abgestimmte Federung.

Doch damit nicht genug, auch die Gesamtgröße sollte schrumpfen. Der Wagoneer wog fast 1800 Kilo, mit dem V8 sogar noch mehr. Wenn der XJ, wie angestrebt, nur 1300 Kilo fahrfertig wiegen sollte, mußte er erheblich kleiner ausgelegt werden. Marktuntersuchun-

*Mehr als andere Autohersteller litt AMC unter den Ölkrisen von 1973 und 1979. Um die erste zu überstehen, wurde das Programm abgespeckt, nach der zweiten kam Renault als Partner mit ins Boot. Der Existenzkampf kostete viel Kapital und trotzdem liefen die Bemühungen weiter, einen Nachfolger für den alten Wagoneer auf die Räder zu stellen. Der neue Wagen sollte kleiner und wirtschaftlicher werden und trotzdem die für Jeep so typische Geländetauglichkeit vorweisen können. Oben rechts: frühe Skizzen, darunter das erste Großmodell aus Ton, das der späteren Serie schon sehr nahe kommt. Es hatte jedoch viel betontere Kotflügellippen als später die Serie. Interessant ist, daß der Markt zu jener Zeit von zweitürigen Geländewagen beherrscht wurde, die Studien allerdings allesamt Viertürer zeigen, was die Studien schon sehr fortschrittlich aussehen läßt. Der europäische Einfluß ist deutlich zu sehen, besonders der von Renault, aber AMC und später Chrysler wiesen immer wieder mit Nachdruck darauf hin, daß das Design im Hause Jeep entstanden sei.*

PROPOSAL B

gen ergaben, daß bisherige Wagoneer-Besitzer damit nicht einverstanden wären. Sie mochten den Wagoneer so wie er war. Den Jeep-Charakter zu erhalten war also unerläßlich.

Die Arbeiten am XJ fingen bereits Ende 1978 an, auch ein entsprechendes Triebwerk war seinerzeit bereits in Entwicklung, nämlich ein Vierzylinder von AMC. Dabei handelte es sich um den ersten eigenen Vierzylinder des Hauses, der Hubraum betrug 2,5 Liter. Zur Auswahl stand auch ein Sechszylinder. Die bisherigen, AMC-eigenen 3,8- und 4,2-Liter-Motoren schienen weniger geeignet; moderne Sechszylinder waren meist V-Konstruktionen, und die gab es bei AMC nicht. Deswegen wurde der XJ von Anfang an auch auf den 2,8-Liter-V6 von General Motors ausgelegt. Er erfüllte die Vorgaben im Lastenheft und war verfügbar.

Ganz so schlimm wie befürchtet kam es allerdings dann doch nicht, der Ölmarkt erholte sich zusehends. Der Benzinpreis erreichte nie die befürchtete Höhe, das »Schwarze Gold« floß wieder ungehindert, und die Amerikaner wollten wieder Autos mit großen Motoren und viel Leistung. AMC beschloß sofort, einen 4,0-Liter-V6 zu entwickeln. Er wurde erst 1987 fertig, war aber von Anfang an für den XJ gedacht.

Trotz des größeren V6 sollte die selbststragende Konstruktion beibehalten werden. Die AMC-Techniker lösten das Problem, indem sie zusätzliche Versteifungen rund um die Bodenwanne der Karosserie schweißten, eine billige und effektive Lösung.

Dann ging es um die Radaufhängung. Einerseits mußte ja die Geländetauglichkeit erhalten bleiben, und das schien nach den letzten Erfahrungen nur mit einer Starrachse möglich. Der Vize-Chefingenieur Roy Lunn wollte dem XJ andererseits aber maximalen Komfort und gutes Handling mit auf den Weg geben, Eigenschaften, die nicht unbedingt zu einer Starrachse passen.

Die Lösung hieß, eine starre Vorderachse beizubehalten, sie aber an vier Längslenkern und einen Panhard-Stab zu führen; Schraubenfedern ersetzten die Blattfedern. Die Konstrukteure nannten das System Quadra-Link und fügten Gasstoßdämpfer und einen Querstabilisator hinzu. Hinten kamen Blattfedern zum Einsatz, da stehende Schraubenfedern den Innenraum zu sehr eingeschränkt hätten.

Behilflich bei der Entwicklung war Francois J. Castaing, früher Chefkonstrukteur im Renault F-1-Rennteam. Die Automobilproduktion bei AMC konzentrierte sich zu dieser Zeit auf den Alliance Sedan, eine Gemeinschaftsentwicklung mit dem Hauptaktionär Renault.

Die französische Marke wird übrigens immer wieder wegen ihrer angeblichen Verdienste um das XJ-Design gelobt, doch das Styling kam direkt von AMC. Das heißt allerdings nicht, daß der XJ unbeeinflußt von anderen Entwicklungen war, Pate stand sicher auch die damals so populäre Keilform. Der Erfolgsschlüssel des neuen Cherokee bestand darin, wie gut diese verschiedenen Elemente zusammenpaßten.

Großen Einfluß übte sicher auch der VW Golf aus, in den USA Rabbit genannt. Er war damals der absolute Renner auf dem amerikanischen Markt; der neue Cherokee kombinierte Golf-Linien mit dem Macho-Image des Jeeps - eine geglückte Kombination. Die kurzen Überhänge, daß also die Räder sich an den äußersten Ecken der Karosserie befanden, signalisierte nicht nur europäisches Design- und Raumökonomie, sondern hatte auch bei schwierigen Geländepassagen handfeste Vorteile.

Eine gute Geländetauglichkeit gehörte zu der Tradition der Marke, der XJ konnte da neue Maßstäbe setzen.

*Obwohl Jeep den Wagoneer noch immer vermarktete (jetzt als Grand Wagoneer), stellte AMC 1984 eine kleinere Ausführung vor, die als Cherokee und Wagoneer verkauft wurden. Die XJ-Generation hatte einen Radstand von 257 Zentimetern und war als Zwei- wie auch als Viertürer lieferbar. Motorseitig standen der neukonstruierte 2,5 Liter-Vierzylinder oder der 2,8 Liter-V6 von GM zur Verfügung. Mehrere Ausstattungen waren lieferbar: Der Wagoneer kam als Brougham und Limited (rechts oben, Vordergrund), der Cherokee als Pioneer und Chief (rechts unten rechts). Da der Grand Wagoneer im Programm blieb, ist es kaum verwunderlich, daß die J-Trucks wieder erschienen (rechts unten links), dann aber nicht mehr als Gladiator.*

Cherokee Chief
Wagoneer

Cherokee Chief

Der SJ verfügte bereits seit Mitte der Siebziger über permanenten Allradantrieb, inzwischen galt das Quadra-Trac jedoch als unwirtschaftlich. Der große Wagoneer benötigte 1980 mit dem Selec-Trac weniger Sprit, sofern es (mit nur einer angetriebenen Achse) auf Asphalt voran ging.

Auch der XJ verfügte über einen während der Fahrt zuschaltbaren Allradantrieb. Auf trockener, befestigter Straße war der Allradantrieb jedoch nicht zu benutzen.

Für richtige Geländeeinsätze empfahl AMC deswegen das Selec-Trac, das anfangs nicht während der Fahrt zuschaltbar war. Vermittels eines Hebels auf der Mittelkonsole ließ sich der Allradantrieb aktivieren, dazu mußte das Auto aber stehen. Dieser Allradantrieb war auch auf der Straße einsetzbar, ohne den Verbrauch merklich in die Höhe zu treiben oder das Getriebe übermäßig zu beanspruchen, kein kompakter Geländewagen bot Ähnliches.

Nicht besonders originell: die Namensgebung. Die Konkurrenz von GM und Ford übertrugen ihre eingeführten Modellbezeichnungen auf ihre neuen Konstruktionen, Chevrolet S10 Blazer, GMC S15 Jimmy oder der ab Mitte 1983 angebotene Blazer II von Ford bewiesen in dieser Bezeihung Modellkonstanz.

AMC folgte dem Trend und nannte die Basisversion Cherokee. Der luxuriösere XJ sollte wieder Wagoneer heißen, der große SJ lebte als Grand Wagoneer weiter - wohlbekannte, alte Namen für die erste echte Jeep-Neukonstruktion seit 20 Jahren.

Gegen die etablierte Konkurrenz schnitten die »Neuen« eigentlich ganz gut ab:

| | Cherokee | Grand Wagoneer | S10 Blazer |
|---|---|---|---|
| Radstand (mm) | 2576 | 2761 | 2553 |
| Länge (mm) | 4200 | 4735 | 4326 |
| Höhe (mm) | 1608 | 1687 | 1732 |
| Breite (mm) | 1673 | 1920 | 1643 |
| Gewicht (kg) | 1310 | 1826 | 1430 |
| Laderaum (l) | 2020 | 2110 | 1910 |

Ohne Zweifel, Jeep hatte das neue Modell gut hinbekommen. Der Cherokee war kürzer als der alte Wagoneer, schmäler und niedriger. Er verfügte dennoch über beinahe die gleiche Ladekapazität und 90 Prozent des Innenraumes. Wichtiger war, daß er sich optisch vom Wagoneer unterschied und dennoch die typischen Jeep-Züge vorwies. Die bullige Frontpartie des Wagoneer hatte einer mehr aerodynamischen Nase Platz gemacht, ohne den Charakter zu verwässern. Die Heckpartie war in einem Stück aus Kunstfaser. Verzögert wurde über Scheibenbremsen vorn und Trommeln hinten.

Am Armaturenbrett konnte eine Klimaanlage installiert werden. Die Vordersitze waren auf einem separaten Rahmen montiert, ein Renault-Erbe, das der Beinfreiheit zugute kam. Da die Rückbank sich vor den Radhäusern befand, konnten dort drei Passagiere kommod unterkommen. Der Fünfsitzer hatte dadurch ausgesprochene Vorteile gegenüber Ford und Chevrolet, die nur Platz für vier boten.

Größenunterschiede zwischen Jeep, Ford und Chevrolet gab es kaum, auch nicht zu den Isuzu Trooper II, Mitsubishi Pajero/Montero, Toyota 4Runner und Nissan Pathfinder, die bald in den wachsenden Markt der Geländewagen drängen sollten.

Eine Tatsache allerdings sprach eindeutig für den Jeep, und die sollte in den kommenden Jahren noch wichtiger werden: Cherokee und Wagoneer waren von Anfang an als Fünftürer lieferbar, während die Konkurrenz ausnahmslos nur drei Pforten aufzuweisen hatte. AMC selbst hatte damit gerechnet, daß auf den Dreitürer der Löwenanteil der Produktion ausmachen würde, der Erfolg des Fünftürers überraschte. Ande-

***Der CJ-5 beendete 1983 jene Laufbahn, die am 11. Oktober 1954 angefangen hatte. CJ-7 und Scrambler sollten aber seine Tradition weiterführen. Das Baujahr 1984 (rechts oben) sah nur wenige Änderungen, die größte davon bestand in einem ganz neuen Motor. Er war Serie im Cherokee, hatte 2,5 Liter Hubraum, vier Zylinder und lieferte 105 PS bei 5000 Umdrehungen und 182 Newtonmeter bei 2800 Touren. Einen Sechszylinder gab es gegen Aufpreis. Der Scrambler (rechts unten) bekam die gleichen Modifikationen wie der CJ-7. SL- und SR-Sport-Paket fanden sich jetzt letztmals im Programm.***

LAREDO
Jeep

SCRAMBLER
Jeep

rerseits hatten sich die Zeiten geändert, sportliche Geländewagen gingen mehr und mehr weg vom Nutzfahrzeug hin zum Familienauto. Die fünf Türen waren auf einmal wichtige Verkaufsargumente. Die Konkurrenz zog erst 1990 nach, zu dem Zeitpunkt machten die fünftürigen Cherokee 85 Prozent der Produktion aus.

Der erste Cherokee bot die Ausstattungen Pioneer und Cherokee Chief an. Das Pioneer-Paket wandte sich vor allem an jüngere, aktive Käufer. Der Basis-Dreitürer kostete 9995 Dollar, der Basis-Fünftürer 10.295 Dollar. Den Wagoneer gab es als Fünftürer nur in den Brougham- und Limited-Versionen, letzterer mit Holzdekor. Die Wagoneer-Preisliste begann bei 12.444 Dollar und reichte bis zu den 17.381 Dollar für den Limited, ohne Zubehör natürlich. Der Limited war die Luxus-Variante für betuchte Kunden und hatte schon ab Werk Weißwandreifen und Stofftextilien. Leder- und Holzapplikationen im Innenraum vermittelten noch mehr Luxus.

Basis für sämtliche Varianten von Cherokee und Wagoneer war der neue 2,5-Liter Vierzylinder, eine einfache Konstruktion mit Gußeisen-Block und hängenden Ventilen. Der Einfach-Vergaser und eine Verdichtung von 9,2:1 ermöglichte eine Leistung von 105 PS bei 5000 Umdrehungen. Diese Angaben wurden übrigens von AMC anfangs gar nicht veröffentlicht. Die Drehmomentkurve war flach, das maximale Drehmoment lag bei 182 Newtonmeter bei 2800 Umdrehungen. Als Option gab es den GM V6 mit 2,8 Liter Hubraum. Er hatte Zweifach-Vergaser und lieferte 115 PS bei 4800 Umdrehungen und 200 Newtonmeter bei 2400/min. Für beide Motoren gehörte ein manuelles Viergang-getriebe zur Grundausstattung. Ein manuelles Fünfganggetriebe oder auch die Chrysler-Automatik gab es auf Wunsch.

Obwohl die Zielgruppe anfangs anders ausgesehen hatte, schien die neue Generation den Markt genau zu treffen. Kritiker und Käufer waren begeistert.

In einem Vergleichstest von *Motor Trend* schlug ein serienmäßiger Cherokee V6 die Konkurrenz von Chevrolet, Ford und Mitsubishi (S-10 Blazer, Bronco II, Montero) vernichtend: »Sämtliche Leistungsvergleiche gewann der Cherokee. Er bot den besten Komfort auf jeder Art von Untergrund. In den schwierigsten Passagen hielt er immer Kontakt zur Spitze. Er hatte die größte Ladekapazität, (nach Volumen und Gewicht) und wenn mehr als zwei mitfuhren, war er der beste Gastgeber.

Wenn wir wetten müßten, in welchen Geländewagen sich die meistem wohlfühlen würden - unser Geld wäre auf die ansehnlichen Talente des Jeep Cherokee gesetzt worden.«

Das Design kam ebenfalls gut an: »Uns gefällt das akzentuierte Design und wir sind uns nahezu einig, daß der Cherokee unter all den neuen Allradfahrzeugen am besten aussieht«, meinte *Road & Track*.

Die Fachpresse zeigte sich auch über den Federungskomfort erstaunt. Don Sherman von *Car and Driver* beeindruckte, was die Konstrukteure aus den zwei Starrachsen herausgeholt. »Sie gehörten ja eigentlich längst schon zum alten Eisen, aber hier funktioniert das System. In seinem Leistungsbereich schafft der Wagen auch Kurven auf befestigten, guten Straßen, der Fahrkomfort ist anständig und die meisten der alten Lenkprobleme sind verschwunden.«

Michael Jordan von der selben Zeitschrift beschrieb eine Fahrt über Bergstraßen mit Serpentinen und offenen Wüstenwegen. Francois Castaing, jetzt American Motors Entwicklungschef, saß am Lenkrad. Jordan hatte die Befürchtung, die Starrachsen wären wohl etwas

***Die Werbung trug 1984 (rechts oben) wieder einen recht rustikalen Anstrich, andererseits hatte sich der Absatz im Vergleich zu 1983 mehr als verdoppelt, sicherlich mit Hilfe des neuen XJ. Die Produktion erreichte 176.276 Einheiten, die höchste Zahl seit 1978, aber es sollte noch besser werden.***
***Der Grand Wagoneer bekam für 1983 einen neuen Kühlergrill. 1985 verwandelte eine Karosseriebaufirma das Nutzfahrzeug in eine geländetaugliche Luxus-Limousine (rechts unten). Der verlängerte Radstand gab Platz für fünf Passagiere und ließ noch genügend Raum für eine Bar und Entertainment-Ecke.***

## Zwei Systeme

Von Anfang an hatte der Jeep Cherokee der Konkurrenz durch seine beiden Antriebssystem Command-Trac und Selec-Trac etwas voraus.

Beide konnten während der Fahrt zu- und abgeschaltet werden. Beide boten für schwere Belastungen auch eine niedrigere Übersetzung von 2,72:1 an. Der Unterschied liegt darin, wie sich die Räder jeder Achse beim Fahren drehen.

Das Command-Trac ist ein zuverlässiges und robustes System. Das Problem ist, wie bei jedem ein- und ausschaltbaren Allradantrieb, der hohe Verschleiß, deshalb empfiehlt es sich, ihn nur auf Flächen mit wenig Haftung zu verwenden. Ausgedehnte Einsätze auf trockenen Straßen belasten Reifen und Antriebsteile und erhöhen den Verbrauch.

Wenn der Command-Trac auf Allradantrieb umgestellt wird, sind die Achsen vorn und hinten über Kette und Ritzel miteinander verbunden und drehen sich gleichmäßig, wie eine Einheit. Es entstehen also keine Unterschiede in der Drehgeschwindigkeit von Vorder- und Hinterachse. Die normalen Differenzen, wie die unterschiedlichen Radien der Räder in Kurven, müssen vom Schlupf in den Reifen aufgenommen werden.

Das Selec-Trac dagegen hat ein Planeten-Differential. Es erlaubt den Antriebsrädern der Vorder- und Hinterachse bei guter Bodenhaftung mit unterschiedlicher Geschwindigkeit zu rotieren. Das Drehoment wird außerdem automatisch an die Achse mit dem besten Grip umgeleitet, in schwierigen Passagen können deshalb die Hinterräder schieben und die Vorderräder ziehen.

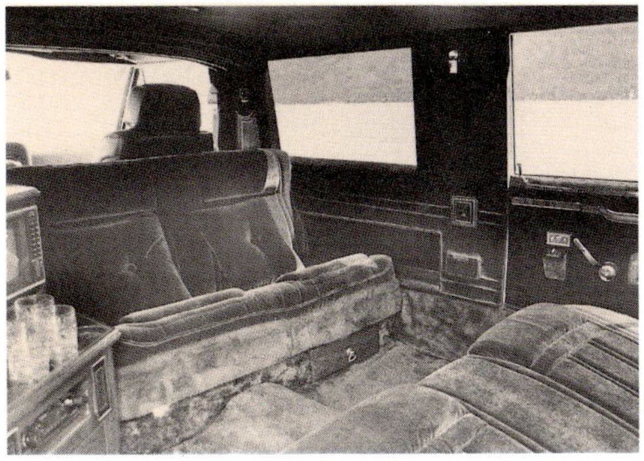

primitiv für die Aufgabe, war aber nach der Vorstellung beruhigt:

»Man kann das Auto schnell um die Ecken bewegen und alle vier Räder bleiben am Boden. Der Wagen liegt sehr gut und ist handlich, nur die etwas unsensible und träge Lenkung trübt das Bild. Auf der Interstate hat der Cherokee einen besseren Geradeauslauf als ein Blazer oder Bronco, und der Fahrer ist besser isoliert von jenen Unebenheiten, die so oft die Reise in einem Geländefahrzeug trüben. Bei voller Geschwindigkeit durch die Wüste bügelte der Cherokee Unebenheiten aller Art problemlos aus; auch bei Tempo 130 (km/h) waren kleine Bachüberquerungen kein Problem.«

*Motor Trend* zeigte sich nicht weniger beeindruckt: »Der Cherokee ist wendiger und auch stabiler als man von einem Allrad-Truck erwartet und fährt sich sehr sanft, trotz seiner sehr kompakten Maße.«

Gut, keiner verwechselte ihn mit einer Limousine, doch der Komfort überstieg alles, was Bronco, Blazer und Co bieten konnten. Klar, daß er auf Asphalt besser lief und auf schlechten, kurvigen Straßen merklich zur Seite kippte. Im Gelände dagegen, wie *Car and Driver* bemerkte, war er »absolut erstklassig... mit besserer Bodenfreiheit, Komfort und längerem Federweg als die Konkurrenten...er macht Spaß, wenn es hart auf hart geht...ein Range Rover zum Supermarktpreis.«

Der Cherokee gewann die 1984 Auszeichnungen der drei wichtigsten amerikanischen Offroad-Zeitschriften; die Verbraucher-Zeitschrift *Consumer Guide* ernannte Wagoneer und Cherokee zum »Best Buy«, bester Kauf in ihren Klassen - und das, obwohl die Redakteure die Kugelumlauf-Lenkung von Saginaw kritisierten und die Lenksäule an sich für viel zu lang erachteten.

Über die Motoren stritt man sich wenig: Der AMC-Vierzylinder fühlte sich genau so stark wie der GM-V6. Und alle Testberichte empfahlen das Fünfganggetriebe als beste Alternative.

Steve Potter schrieb in *Road & Track*, der Vierzylinder wäre »nur fünf PS schwächer als der Chevy V6, und der AMC liefert sowieso mehr Leistung im unteren Bereich.« Und dort wird er ja bei Geländefahrzeugen am meisten gebraucht. Der V6 war mit seinem Aufpreis von 305 Dollar nicht gerade günstig. Der *Jeep Buyers Guide* riet sogar ab vom V6, da er nicht einmal für normale Beschleunigung genug Leistung hätte: »Alles was man bekommt, sind Geräusche und sehr wenig Bewegung.«

Und keiner hielt die Leistung für mehr als gerademal ausreichend. Besonders auf der Highway machte sich das, laut *Car and Driver*, bemerkbar: »Der fünfte Gang reichte gerade, um die Geschwindigkeit auf ebener Strecke zu halten, mehr nicht.«

Bevor das Jahr 1983 zu Ende ging, hatten 8729 Cherokee-Käufer und 4842 Wagoneer-Interessenten zugeschlagen. 1984 zog das neue Modell am bisherigen Bestseller CJ-7 vorbei und nahm den ersten Platz im Jeep-Programm ein. Der Cherokee verkaufte sich 1984 69.054 mal und Wagoneer 19.889 mal. Zusammen war das weniger als die Hälfte von dem, was Chevrolet an S10 Blazer verkaufte, aber nur 9106 weniger als Ford von seinem Bronco II. Die Zahl der Ford- und GM-Händler überstieg allerdings die von Jeep bei weitem.

Trotz der Popularität des Neulings hatte es der alte SJ noch weit bis zur Rente. Der Alte verlor die Dreitürer-Ausführung und auch die Bezeichnung Cherokee. Der verbleibende Fünftürer startete eine neue Karriere als der »große, alte Mann« unter den Allradlern. Technisch unverändert trug er nur neue Grand Wagoneer-Embleme. Seine Käufer hielten ihm die Treue, sein

***Jeep nahm 1985 den Pickup mit 301 cm Radstand aus dem Programm. J-10 und J-20 (rechts oben) waren weiterhin noch zu haben, allerdings nur mit 332 cm Radstand und 2,43 m Ladefläche. Es gab zwei Dekor-Ausführungen, Base und Pioneer.***
***Der Scrambler (rechts unten links) fuhr mit nur wenigen Änderungen - etwa einem verchromten Schriftzug am Heck - dem Abendrot seines letztes Produktionsjahres entgegen. SR und SL hatten zugunsten von Renegade und Laredo abgedankt. Im letzten Modelljahr entschieden sich nur 2143 Käufer dafür. Der Methusalem unter den Geländewagen, der Wagoneer, verkauft sich 1985, obwohl er über 20 Jahre alt war, immer noch gut. Ein neues Chassis-Paket verbesserte sein Handling, während Selec-Trac nun die Möglichkeit bot, den Antrieb während der Fahrt umzustellen.***

Jeep

Jeep

Absatz zeigte sich weitgehend unbeeindruckt vom neuen Cherokee. 1984 verließen 19.081 Grand Wagoneer die Ausstellungsräume, fast genau so viel wie vom entsprechenden Modell 1983.

AMC brachte auch die CJ-Reihe auf Vordermann, der CJ-5 verschwand. Insgesamt entstanden 603.303 CJ-5, 1978 wurde er vom CJ-7 überholt. Danach sank die Produktion des CJ-5 ständig, 1982 wurden nur 6080 Einheiten gebaut, im Jahr darauf halbierte sich der Absatz noch einmal. Einerseits hatte Jeep auch selber versucht, den CJ-5 in den Hintergrund zu drängen, andererseits waren inzwischen »zivilisiertere« Fahrzeuge mit längerem Radstand und Automatik gefragt, was ja der CJ-5 am Ende nicht mehr zu bieten hatte. Und AMC benötigte dringend Produktionskapazitäten für die bedeutend populäreren Wagoneer und Cherokee.

Der überlebende CJ-7 bekam den neuen 2,5-Liter Vierzylinder. Der neue Basismotor leistete 23 PS mehr als der bisher verwendete GM Iron Duke-2,5-Liter-Vierzylinder, den er ersetzte. Der 4,2-Liter-Reihen-Sechser, Serie bei der letzten CJ-5-Generation, folgte als Option. Beide Motoren waren serienmäßig mit Vierganggetriebe ausgestattet, eine Fahrstufe mehr gab es auf Wunsch; die Automatik war nur in Verbindung mit dem Sechszylinder lieferbar. Für 1984 waren die Ausstattungen Renegade und Laredo erhältlich, Limited verschwand.

Der Scrambler bekam ebenfalls den 2,5-Liter als Basis-Motor, blieb aber sonst unverändert. Sämtliche Pickups blieben ohne Modifikationen im Programm.

Die Ankunft der neuen Cherokee- und Wagoneer-Typen brachte frischen Wind zu AMC. Im Kalenderjahr 1984 stieg der Verkauf um 87 Prozent auf 153.807 Einheiten. AMC hatte die Wende geschafft und verbuchte im vierten Quartal Gewinne von 7,4 Millionen Dollar.

Für 1985 verfeinerte Jeep die beiden neuen Modelle. Der Cherokee bekam eine üppigere Ausstattung (Limited) sowie den Select-Trac, damit der Fahrer für den Wechsel zum Allradbetrieb nicht mehr anhalten mußte. In diesem Modelljahr folgte auch ein Dreitürer-Cherokee mit einer angetriebenen Achse.

Für die Innenausstattung kamen neue Kopfstützen sowie verstellbare Sitze, Features, die die Wagoneer Limited schon hatten. Die schwenkbare Reserverad-Halterung war jetzt auch für die Fünftürer lieferbar. Gegen Aufpreis gab es auch das von Renault übernommene Card-Verriegelungssystem.

Ebenfalls Aufpreis kostete der 2,1-Liter Turbo-Diesel, ein Renault-Triebwerk. Er lieferte 85 PS bei 3250 Umdrehungen und stemmte bei 3000 Touren 182 Newtonmeter. Die Basis-Motorisierung bildete immer noch der 2,5-Liter-Vierzylinder, den 4,2-Liter-Sechszylinder gab es auf Wunsch. Die Kraftübertragung erfolgte, wie gehabt, über Vier-, Fünfgang oder Dreistufen-Automatik.

Die Verkaufszahlen stiegen weiter, wobei die beiden XJ-Modelle zusammen auf 112.976 Einheiten kamen. Mit Preisen ab 10.405 Dollar schlug der Cherokee den Wagoneer in der Gunst der Käufer mit sieben zu eins. Der Wagoneer in der Basis-Ausführung kostete 13.255, für 17.953 Dollar war der Wagoneer Limited unter den teuersten Allradautos auf dem Markt. Zum Vergleich: die meisten S10 Blazer, die die Ausstellungsräume verließen, waren voll ausgestattet und kamen auf etwa 14.000 Dollar. Keiner der Konkurrenten konnten sich aber mit der Auszeichnung »Bester Offroad-Wagen 1985« brüsten, verliehen von den Lesern der Zeitschrift *Off-Road.*

Wieder markierte der Grand Wagoneer das obere Ende der Programmpalette, zusätzlich bekam der Luxusjeep ein Handling-Paket mit weicheren Fe-

***Jeep verpaßte dem CJ-7 (rechts oben) 1985 einige kleine Änderungen. Hinten befand sich jetzt eine klappbare Sitzbank, vorn waren hohe Schalensitze Serie. Als Ausstattungsalternativen gab es weiterhin Laredo und Renegade. In der erfolgreichen Baureihe Wagoneer/Cherokee erschien der neu ausgestattete Cherokee Laredo (rechts unten rechts), im Grunde ein Chief mit zusätzlichem Luxus. Eine eher schlechtere Wahl stellte der 2,1 Liter-Turbodiesel von Renault dar (rechts unten links). Es gab ihn nur für Wagoneer oder Cherokee; er lieferte 82 PS bei 3250 Umdrehungen und 182 Newtonmeter bei 3000 Touren.***

RENEGADE
Jeep

JEEP 85

dern und Gasdruck-Stoßdämpfern. Das Selec-Trac-System konnte jetzt auch während der Fahrt aktiviert werden. Die Mittelarmlehne war hochklappbar und in der Mitte kam ein zusätzlicher Sicherheitsgurt dazu. Jetzt konnten auch in der ersten Reihe drei sitzen. Die 15-Zoll Alu-Räder bekamen goldene Radkappen.

1985 bezeichnete *Consumer Guide* den Wagoneer als »groß und klobig neben den neuen Modellen...im Vergleich ein alter Knacker auf Krücken«. Anscheinend sahen die Käufer das anders. Der Grand Wagoneer, der mit 20.462 Einheiten seine Karriere begonnen hatte, kam im Kalenderjahr 1985 auf stolze 17.200 Einheiten.

Der CJ-7 erhielt zu einen klappbaren Vordersitz, Laredo und Renegade bekamen neue Zierstreifen und ein neues Innendekor. Auch der Scrambler Pickup wurde neu dekoriert. Ein Chrom-Schriftzug schmückte jetzt den hinteren Kotflügel statt wie früher auf der Haube zu sitzen; der Renegade-Kit ersetzte das SR Sport-Paket und Laredo das SL Sport-Paket.

Jeeps große J-Reihe wurde gestrafft, der Pickup mit 301 Zentimetern Radstand entfiel, er war nun ausschließlich mit 332 Zentimetern Radstand und 2,43 Metern Ladefläche lieferbar.

Wieder hatte der J-10 den 115 PS starken 4,2-Liter-Motor, während der J-20 den 150 PS 5,9-Liter-V8 verwendete.

Trotz rückläufiger Verkaufszahlen (minus acht Prozent beim CJ und 42 Prozent bei den Pickups) brachte es Jeep auf ein sattes Plus von 18 Prozent für das Kalenderjahr 1985.

AMC eröffnete das Modelljahr 1986 mit einigen Veränderungen. Nach sechs Jahren verschwand jetzt der Scrambler. In seiner fünfjährigen Produktionsgeschichte wurden 27.792 der einzigartigen Pickup gebaut, ihm folgte ein eher normales Modell. Genau wie der Wagoneer später zum Gladiator (später J-Reihe) mutierte, bildete jetzt der Cherokee die Basis für den schönen, neuen Comanche.

Er basierte auf einer verlängerten XJ-Plattform mit einem Radstand von 303 Zentimetern. Der Vorderbau einschließlich der Quadra-Link Vorderradführung bis zu den Vordertüren entsprach dem des Cherokee, dahinter befand sich eine 2,3 Meter lange Ladefläche. Cherokee-Technik fand sowohl bei den Motoren als auch der Kraftübertragung Verwendung. Dieses Modell war der erste Cherokee-Pickup. Pickups mit nur einer angetriebenen Achse (und diese Cherokee-Variante hatte nur zwei Antriebsräder) hatten einen Marktanteil unter den Kompakt-Pickups von 75 Prozent, also absolut die richtige Entscheidung, auf ein Allrad-System zu verzichten.

Jeep bezeichnete den Comanche als Kompakt-Pickup, doch gehörte er eher zu den raren Artgenossen in der Mittelklasse.

Er war größer als alle japanischen oder einheimischen Kompakt-Pickups und mit 1,10 Metern zwischen den Radkästen seine Ladefläche auch breiter als bei den Konkurrenten. Nur Chevys S-10 Pickup war genau so lang, doch die Jeep-Nutzlast von 970 Kilo war größer als die von Ford oder Chevrolet.

Der Comanche war aber kleiner als die großen amerikanischen Modelle, und obwohl die Fahrerkabine mit drei Sicherheitsgurten ausgestattet war, hatten drei Erwachsene kaum Platz. Übrigens war er der einzige unter den Kompakt-Pickups, der eine selbsttragende Karosserie aufweisen konnte.

Doch egal in welcher Kategorie er antrat: der Titel »Four Wheeler of the Year«, verliehen von der Zeitschrift *Four Wheeler*, war dem Comanche sicher. Zugleich löste er auch die alternde J-Baureihe ab, die jetzt in ihr letztes

***Im November 1985 kündigte der Verantwortliche im AMC-Vorstand für Verkauf und Marketing, Joseph Cappy, für Anfang 1986 das Auslaufen der CJ-Modellreihe an. Das sorgte für große Aufregung unter CJ-Anhängern. Vier Dekorpakete waren in dem Jahr erhältlich. Im untersten Preisbereich befand sich die Basisausführung mit 7500 Dollar (rechts oben rechts). Der Renegade kostete 1253, der Laredo 2787 Dollar mehr. Spitzenmodell war der Limited (rechts unten).***

LAREDO

Jeep

Produktionsjahr fuhr. (Das allerdings mit neuem Armaturenbrett und einer an die Lenksäule verlegten Schaltung.)

Auch die Modifikationen für Cherokee und Wagoneer ließen sich sehen: Der Zweifach-Vergaser des 2,5-l-Vierzylinders wurde durch eine Einspritzanlage erhöht. Die Leistung erhöhte sich von 105 auf 117 PS, das Drehmoment von 182 Newtonmeter bei 2800 Umdrehungen stieg auf 186 Nm bei 3500/min. Der AMC-Vierzylinder hatte jetzt zwei PS mehr als der 2,8-Liter GM V6, der immer noch gegen Aufpreis zu haben war, und der V6 hatte nur 20 Newtonmeter mehr Drehmoment.

Der luxuriöse Wagoneer bekam einen neuen Kühlergrill, in dem die stehenden Stege durch einen dem Modell eigenen horizontalen ersetzt wurden, eingerahmt von den Scheinwerfern. Der Cherokee erhielt als einziges Modell ein neues Geländepaket, mit gelben Hochdruckstoßdämpfern, 225/75 R 15-Reifen auf weißen 7-Zoll-Felgen, einer Schutzplatte unter dem Motor, Abschlepphaken vorn und hinten und mehr Bodenfreiheit. Das Jeep-Trac-Lok-Sperrdifferential war für beide Modelle, zusammen mit dem Selec-Trac, erhältlich.

Die Auszeichnungen regneten weiter auf den Cherokee herunter: *Popular Mechanics* wählte den Allrad-Cherokee unter die besten zehn Autos 1986 - der einzige Geländewagen auf der Liste zwischen Limousinen und Sportwagen vom Schlage eines Mercedes-Benz 190 und Porsche 944. Großes Lob auch aus Europa, diesmal von der französischen Zeitschrift *4x4*. Durch Renault fand Jeep auch in Europa viele Käufer, besonders der Cherokee in Dieselausführung. Renault setzte in Europa jährlich etwa 10.000 Jeep ab, davon etwa die Hälfte in Frankreich.

Der Grand Wagoneer sah 1986 anders aus, zum Teil wegen des neuen Kühlers. Auch innen hatte AMC frisch tapeziert, es gab eine neues Instrumentenbrett mit Holzdekor. Aus der Lenksäule wuchs ein Strauß von Hebeln für Lichtschalter, Blinker und Scheibenwischer. Die Bedienung von Heizung und Belüftung erfolgte jetzt über die Tasten für die Klimaanlage.

Diese und andere Änderungen erschienen mit den neuen Modellen für 1986, im Herbst 1985 vorgestellt. Gleichzeitig teilte AMC mit, nicht ganz unerwartet, aber trotzdem erschütternd, daß die Produktion des CJ-7 eingestellt werde. Joseph E. Cappy, Vize Präsident für Verkauf und Marketing, verkündete das offiziell am 27. November 1985.

Ein Aufschrei ging durch die Öffentlichkeit, wenn das Weiße Haus geschändet worden wäre, hätte die Empörung kaum größer sein können. Sogar die Leitartikel angesehener Tageszeitungen behandelten das Thema.

Die Alarmglocken schrillten aber zu früh. Der Nachfolger erfüllte sehr wohl die Aufgabe und wahrte zum größten Teil sogar die CJ-Optik. Daß die alte Konstruktion verschwinden sollte, verschwinden mußte, war schon lange klar. Daß die AMC-Führung dabei sehr behutsam vorging, war für die traditionsbewußten Fans eine Erleichterung.

Den Anfang vom Ende für die alte CJ-Reihe markierte der 21. Dezember 1980. In der populären CBS-Fernsehsendung *60 minutes* wurde ein niederschmetternder Bericht über den CJ-5 ausgestrahlt. Von Todesfällen und schweren Verletzungen durch umgekippte Jeeps war die Rede, was auf das Konto der schmalen, hohen Konstruktion ginge. Der Bericht basierte zum Teil auf einer Studie mehrerer Versicherungsgesellschaften. Er umfaßte Interviews mit Angehörigen und Opfern sowie einen Film, angeblich von Jeep gedreht, der die mangelnde Stabilität zeigte.

Der Bericht erklärte korrekt, daß ein schmales, hohes Auto viel schneller rollt

***1986 sah zwar das Ende des CJ, aber Jeep kramte aus seiner Trickkiste den Comanche. Der neue Mittelklasse-Pickup hatte 304 cm Radstand und eine Ladefläche von 225 x 152 cm. Die Nutzlast betrug 1000 kg, wahlweise waren sowohl Selec-Trac als auch Command-Trac erhältlich. Den Comanche gab es mit drei Ausstattungen: Basis, X und XLS (rechts oben). Jos, J. Dedeurwaerder (unten) war zu der Zeit Präsident und Vorstandsvorsitzender, das eigentliche Sagen hatte allerdings Renault.***

Jeep
MICHELIN X

Jeep
4x4

oder kippt als eines mit tiefem Schwerpunkt. Für die Verteidigung schlug sich das Magazin *Four Wheeler* in die Bresche und wies nach, daß die im Film gezeigten Seitenkräfte kaum von einem Menschen erzeugt worden sein konnten.

Der Schaden war aber schon angerichtet, gleich reihenweise wurden entsprechende Klagen eingereicht. Verbraucher-Organisationen beantragten bei der National Highway Traffic Safety Administration - NHTSA eine entsprechend gründliche Untersuchung. Die folgende Publizität schadete selbstverständlich dem Image der Marke. AMC versuchte alle Seiten, vor allem die Käufer, zu besänftigen, mit Rabatten, guten Konditionen und anderen Mitteln. Und die Entwicklung des Nachfolgers wurde beschleunigt.

Schließlich wies die NHTSA den Antrag zurück. Nach gründlichen Untersuchungen, »viel tiefgreifender als in ähnlichen Fällen üblich, ist die Kommission zu dem Entschluß gekommen, daß es keinen Hinweis gibt, daß ein Sicherheitsmangel an den Fahrzeugen für die Unfälle verantwortlich ist«.

Die Untersuchung stellte jedoch einige Tatsachen des Allrad-Lebens klar, zum Beispiel, daß kleine Geländefahrzeuge in dieser Hinsicht viel gefährdeter waren als größere. Klar war auch, daß obwohl »die Überrollgefahr der CJ-Modelle am oberen Ende der Statistik lag, sie jedoch nicht höher war als bei anderen Autos ähnlicher Konstruktion«.

Jeep stellte seine Werbung leicht um, und die NHTSA forderte alle Hersteller auf, kleine Warnschilder am Armaturenbrett anzubringen. Ein Beispiel: »Dies ist ein offenes Nutzfahrzeug. Es fährt sich anders als andere Personenwagen, im Gelände und auf der Straße. Sie müssen es vorsichtig fahren. Wie bei anderen Nutzfahrzeugen kann es, bei schnellen Kursänderungen, seine Bodenhaftung verlieren und sich überschlagen. Dabei können Sie und Ihre Beifahrer schwer verletzt werden.«

Die Kontroverse zeigte auch, wie sich die Einstellung zu diesem Fahrzeugtyp geändert hatte. Der robuste CJ war in erster Linie für den Geländeeinsatz ausgelegt. Das wußten seine Käufer, und sie hatten entsprechend auch Verständnis für seine Schwächen in anderen Bereichen. Anfang der Achtziger kam aber eine neue Klientel dazu. In diesen Kreisen war der CJ ein praktisches Shopping-Auto, und dort zeigte man wenig Verständnis für den Nutzfahrzeug-Charakter des »Süßen«.

Francois Castaing meinte, »das Profil der Käufer von kleinen Geländewagen hat sich in den letzten Jahren dramatisch verändert. Fünfundneunzig Prozent verwenden diese Fahrzeuge für den täglichen Transport, 1978 waren es nur 17 Prozent. Häufige Einsätze im Gelände kommen bei nur sieben Prozent der Besitzer heute vor, damals waren es noch 37 Prozent.«

Jeep erwuchs eine weitere Konkurrenz durch die unzähligen Gelände-Pickups, eine Kategorie, die es Mitte der Siebziger nicht gab. Diese Trucks hatten mehr Komfort und kamen überall dorthin, wo die CJ-Modelle auch konnten, aber oft für das gleiche oder weniger Geld. Dazu kam auch die Horde von billigen, aber gut gebauten japanischen Geländewagen. Konnte der CJ-Nachfolger beide Rollen erfüllen: Geländetauglich sein wie ein echter Jeep, aber so viel Komfort bieten wie die Konkurrenz?

Die Antwort folgte am 13. Mai 1986 und, abgesehen von den viereckigen Scheinwerfern, sahen die beruhigten Fans einen echten CJ-Jeep: den Wrangler.

AMC teilte mit, das neue Modell solle ein breiteres Spektrum erfüllen: »Ein Entwicklungsziel war es, einen Komfort auf der Straße zu erreichen,

***Jeep-Fans waren bestürzt, als sie erfuhren, daß der CJ 1986 auslaufen sollte. Doch ihre Befürchtungen erwiesen sich als unbegründet, und der Sturm der Entrüstung legte sich bei der Enthüllung des Nachfolgers. Der Wrangler (rechts) sah wenigstens aus wie ein Jeep und benahm sich auch wie ein Jeep, in Einzelheiten sogar noch besser. Wegen der Diskussion über die Überroll-Unfälle setzten die Konstrukteure bei der Wrangler-Entwicklung alles daran, ihrem Schützling ein stabileres Fahrverhalten anzuerziehen.***

WRANGLER
Jeep

der normalerweise größeren Fahrzeugen vorbehalten bleibt«, sagte die Pressemitteilung.

Unter dem Codenamen YJ entstand der erste moderne Jeep, der nicht in Toledo, sondern im neuen Werk Brampton/Ontario, Kanada, gebaut wurde. Obwohl schwerer, tiefer und breiter, blieben nach fünf Jahren Entwicklungszeit und 600.000 Testmeilen doch die traditionsreichen Linien bewahrt. Aus verständlichen Gründen war auch die Spurbreite vergrößert worden. Hier die Merkmale im Vergleich zum letzten CJ-7 von 1986 und dem ersten Kleinjapaner, dem Suzuki Samurai.

| | Wrangler | CJ-7 | Suzuki |
|---|---|---|---|
| Radstand (mm) | 2372 | 2372 | 2029 |
| Länge (mm) | 3860 | 3891 | 3429 |
| Höhe (mm) | 1742 | 1755 | 1666 |
| Breite (mm) | 1676 | 1658 | 1529 |
| Spurw. v. (mm) | 1473 | 1417 | 1300 |
| - hinten (mm) | 1473 | 1399 | 1310 |
| Gewicht (kg) | 1301 | 1178 | 950 |

Der Wrangler behielt die alte Konstruktion mit Karosserie auf einem Rahmen. Für die gewünschten Geländeeigenschaften griffen die Konstrukteure auf die wichtigsten Chassisteile des XJ-Cherokee zurück, wie die Dana-Antriebsachsen, die Lenkung (von GM-Saginaw), die Bremsanlage, das Fünfganggetriebe und das Command-Trac mit der während der Fahrt möglichen Zuschaltung der zweiten Achsen. Auch bei der Radaufhängung bediente sich Jeep der Cherokee-Konstruktion, allerdings wurde die Quadra-Link des XJ nicht übernommen. Stattdessen verwendete der Wrangler längsliegende, halbelliptische Blattfedern mit Panhardstäben und Stabilisatoren vorn und hinten.

Die Karosserie bestand aus beidseitig galvanisiertem Blech mit zusätzlichem Korrosionsschutz unten; die Radläufe waren mit flexiblen Verbreiterungen versehen.

Auch hier wieder die verschiedenen Ausstattungspakete, Base, Sports Decor und Laredo hießen sie in diesem Fall. Base und Sports hatten Softtop und die niedrigen Halbtüren. Gegen Aufpreis war ein Hardtop mit Volltüren erhältlich, das Spitzenmodell Laredo wurde nur mit Hardtop geliefert. Das Softtop hatte keine Druckknöpfe mehr, sondern ein System aus Spannhaken, das weniger rostanfällig war. Der Überrollbügel, gepolstert und zusätzlich mit seitlichen Auslegern versehen, war jetzt Serie. Die Hecktür mit Reserverad sowie die Schutzplatte unter dem Benzintank gehörten ebenfalls zur Serienausstattung.

Im Innenraum hatten rechteckige die runden Instrumente des CJ abgelöst. Der Drehzahlmesser war Serie, sämtliche Armaturen befanden sich an der Lenksäule. Der Beifahrer konnte sich an einem Griff am Armaturenbrett festhalten. Heizung und Belüftung wurden über Stellhebel betätigt. Hohe Schalensitze vorn und eine umklappbare Rücksitzbank gehörten zur Grundausstattung. Keine Änderungen bei der Bereifung, wie gehabt rollte der Jeep auf 15"-Rädern; gegen Aufpreis gab es eine Servolenkung.

Die Basismotorisierung bildete der aus dem Cherokke bekannte AMC 2,5-Liter-Vierzylinder mit Einspritzung, wahlweise stand auch der AMC 4,2-Liter-Reihensechszylinder mit Doppelvergaser zur Verfügung. Er lieferte 112 PS bei 3000 Umdrehungen und 290 Newtonmeter bei Nenndrehzahl. Anstelle des Vierganggetriebes konnte auch eines mit fünfter Fahrstufe geordert werden. Für den Vierzylinder lieferte es der japanische Getriebespezialist Aisin, für den Sechszylinder Peugeot. Die nur in Kombination mit dem Reihensechser lieferbare Automatik kam von Chrysler, es handelte sich um das bekannte TorqueFlite-System.

Alle Wrangler hatten Allradantrieb,

jetzt aber mit Command-Trac. Mit nur einer angetriebenen Achse verbrauchte der Wrangler auf der Straße weniger Sprit, wenn es hart auf hart kam, schaltet der Fahrer (und er mußte deswegen nicht anhalten) die zweite Achse zu; der Hebel saß neben dem Schaltknüppel. Command-Trac war zwar nicht für die Straße gedacht, doch bot kein anderes Fahrzeug dieser Klasse diese Möglichkeit. Für ernsthafte Gelände-Einsätze gab es das Trac-Lok-Sperrdifferential, 225er Reifen und Gasdruckstoßdämpfer. Der Wrangler erschien mit einem Grundpreis von knapp unter 10.000 Dollar in der Liste. Der teuerste war der Laredo für 12.000 Dollar.

Von Anfang an war klar, daß das neue Modell die gleiche Begeisterung weckte wie die CJ-Modelle. Jeep-Fans waren überzeugt, aber gerade das, was sie begeisterte, rief auch die meisten Kritiker auf den Plan. Sollte der Wrangler mit sportlichen Autos um die Kundschaft wetteifern, mußte er sich auch als Personenwagen behaupten und daran messen lassen.

Der *Consumer Guide* war eindeutig in seinem Urteil: »Der Wrangler kam mit dem gleichen Aussehen wie der alte CJ-7 und mit vielen seiner Mängel.«

AMC hatte eigentlich die Federung weicher abstimmen wollen, aber die geforderte Geländetauglichkeit verlangte kurzen Radstand und eine straffe Federung: Die Testberichte monierten noch immer das ruppige Fahrverhalten. Die Bauhöhe wurde von der verlangten Bodenfreiheit bestimmt und die Karosserie mußte für kniffelige Passagen schmal sein: Die Journalisten bemängelten bei schnellen Kursänderungen ein kippeliges Fahrverhalten. Die Lenkung, übersetzt um Baumstämme und Felsen zu bewältigen, reagierte träge und gefühllos beim langsamen Flanieren auf dem Boulevard.

Journalisten beschwerten sich auch über Roll- und Windgeräusche über 50 km/h. Der hohe Einstieg war »störend«, der Rücksitz »zu eng« und die Instrumente »zu tief eingebaut und deswegen schlecht zu lesen«. Die Beschleunigung war eher mäßig. Auch mit dem 4,2 Liter schaffte der Wrangler den Sprint von null auf 60 mph (96 km/h) erst in 14 Sekunden: Nicht schlechter als der CJ-7. Und obwohl er nicht mehr Sprit verbrauchte als sein Vorgänger: Sparsam war der neue Wrangler nicht.

Diejenigen aber, die sich mit ihm ins Gelände trauten, bescheinigten ihm wegen genau dieser Mängel eine gute Geländetauglichkeit. *Car and Driver* zeigte sich begeistert:

»Dank einer Bodenfreiheit von 20 Zentimetern und dem kurzem Radstand macht der neue Jeep vor nichts Halt. Auch die schlappe Lenkung - zwei oder drei Zoll Spiel nerven auf dem Highway - ist von Vorteil im Gelände, da sie nicht zurückschlägt.«

Der CJ-7 lieferte mit etwa 26.000 verkauften Einheiten 1986 eine glanzvolle Abschiedsvorstellung. Der Wrangler brachte es im ersten Jahr auf 10.000 Einheiten, sollte aber später auch die besten Jahre der CJ übertreffen. Die amerikanische Legende lebte noch, eine Tatsache, die nicht einmal die lautesten Kritiker übersehen konnten.

Wie schrieb doch *Car and Driver* so treffend: »...nur in einem Jeep kann man aufrecht stehen, die fernen Sanddünen überblicken und rufen 'Rommel, du Bastard! Ich habe dein Buch gelesen!'«. Genau das war es.

Kapitel 10

# Chrysler am Steuer: 1987 - 1994

Oft muß der, der das Gute will, auch Schlechtes in Kauf nehmen. Mit der Zeit kann man dann, vielleicht, aus dem Schlechten Gutes und aus dem Guten Hervorragendes machen. American Motors hatte Gutes und Schlechtes.

In den letzten Monaten 1986 bereitete Chrysler den Kauf von American Motors vor. Chrysler machte keinen Hehl daraus, daß Jeep das Ziel war. Mußte man dazu das ganze Unternehmen kaufen, dann war das eben so.

Und AMC war reif. Die Zeiten der 7,5-prozentigen Marktanteile lagen weit zurück, ein Vierteljahrhundert, genauer gesagt: 1960 war es der Rambler, der zwei Drittel der Gesamtproduktion von 460.000 Einheiten ausmachte. AMC hielt 1986 ein Prozent des Marktes, und Jeep war die einzige rentable Abteilung und erwirtschaftete zwei Drittel des Umsatzes und drei Viertel der Verkaufszahlen: 77 Prozent der 234.028 Einheiten, die AMC in den USA verkaufte und 78 Prozent der 53.706 Modelle, die das Unternehmen 1986 exportierte, trugen das Jeep-Logo.

Aber die Jeeps allein konnten die Firma nicht retten, 1986 verlor AMC 91,3 Millionen Dollar. Chrysler dagegen verbuchte einen Gewinn von 1,4 Milliarden. Die staatlichen Kredite waren drei Jahre zuvor schon getilgt worden und dank der populären Minivans, den Voyager-Modellen, verzeichnete Chrysler das beste Verkaufsjahr seiner Geschichte.

Ford und Chevrolet hatten Freizeitautos, die sich in großen Stückzahlen verkauften, Chrysler nicht. Das Verkaufspotential solcher Fahrzeuge schien gigantisch und einige Quellen wollten wissen, daß AMC mit jedem Jeep einen Reingewinn von 3000 Dollar mache.

Wollte Chrysler ein eigenes Modell auf die Räder stellen, würde es mindestens drei Jahre dauern und 1,2 Milliarden Dollar kosten. Und das Produkt hieß dann immer noch nicht Jeep.

Die ersten Anknüpfungspunkte waren schon gefunden, schließlich lieferte Chrysler sein Automatikgetriebe für verschiedene Jeep-Modelle. Ab Februar 1987 wurden auch Chryslers Limousinen-Modelle mit Hinterradantrieb im AMC-Werk Kenosha, Wisconsin, gebaut. Kein Wunder also, daß sich die Gerüchte über eine engere Verbindung verdichteten. Dann folgte am 10. März 1987 die Mitteilung, daß Amerikas drittgrößter Autohersteller für 1,5 Milliarden Dollar American Motors Corporation kaufen wollte.

Chrysler sollte Renaults Aktienstock von 46 Prozent übernehmen und von anderen Aktionären den Rest. Das war kein kleines Unterfangen. Trotz der finanziellen Probleme war AMC ein Multimilliarden-Unternehmen mit 19.300 Angestellten, 1450 Händlern, 111.000 Aktionären und Kapitalverflechtungen in Millionenhöhe.

Komplikationen waren unvermeidlich. Das ursprüngliche Datum (9. April) wurde auf den 23. April verschoben, dann auf den 5. Mai und schließlich

*Trotz der Renault-Unterstützung kam AMC nicht aus eigener Kraft über die Folgen zweier Ölkrisen und einer allgemeinen Rezession hinweg. Der letzte der selbstständigen US-Hersteller war deshalb 1986 schlachtreif. Chrysler, genau wie AMC 15 Jahre früher, wollte seine Modellpalette erweitern und erwarb AMC samt der Tochtergesellschaft Jeep für zwei Milliarden Dollar. Schnell wurde die Jeep-Eagle-Division geformt, Francois J. Castaing hieß der neue Boß, und er spielte anschließend eine wichtige Rolle bei der Entwicklung von Grand Cherokee und Dodge Viper.*

noch einmal. Noch während die Verhandlungen liefen, erklärte Vorstand Lee A. Iacocca in Automotive News, daß seine Firma schon die Möglichkeit studiere, den Namen Jeep weltweit zu vermarkten.

Der Verkauf ging endlich am 6. August 1987 über die Bühne. Es war die erste Geschäftsübernahme unter Automobilherstellern in den USA seit 1954, als, ironisch genug, Nash-Kelvinator und Hudson in der neuen AMC aufgingen.

Chrysler übernahm Verbindlichkeiten in Höhe von 855 Millionen plus 350 Millionen in Rentenansprüchen. Insgesamt machte Chrysler rund zwei Milliarden Dollar locker. Dafür bekam Chrysler die Kronjuwelen, nämlich Jeep (auf 850 Millionen geschätzt) und das moderne Werk in Brampton, Ontario, das etwa 650 Millionen Dollar wert war.

Chrysler fing sofort mit der Umstrukturierung an. Schnell verschwanden einige Ladenhüter aus dem Programm, darunter auch der allradgetriebene Eagle. Auf dem Reißbrett entstanden erste Pläne für den Ersatz des alten Jeep-Werkes in Toledo. Für die Vermarktung des von Renault konstruierten Sedan und den neuen Geländewagen bildete Chrysler eine neue Division, Jeep-Eagle. Die 1400 ehemaligen AMC/Jeep/Renault-Händler behielten ihre Verträge und Joseph E. Chappy, Vorstand von AMC, sollte auch Jeep-Eagle führen.

Chefkonstrukteur für Jeep und Dodge Trucks wurde Francois J. Castaing, ehemals Chefingenieur beim Renault Formel 1-Team und dann stellvertretender Direktor bei AMC.

Die großen Pickups J-10 und J-20 waren einen Monat nach der Übernahme aus dem Programm. Chrysler hatte unter dem Dodge-Label schon ähnliche Modelle auf dem Markt. Die neuen Besitzer behielten aber die restliche Jeep-Modellpalette bei, die Entwicklungsabteilung konnte ungestört weiterarbeiten.

Die wichtigste Änderung für 1987 stellten die neue Motoren für Cherokee und Wagoneer dar.

Chevrolets biederer 2,8-Liter-V6 verschwand. Als Ersatz kam der 4 Liter Reihensechser von AMC, später als »Power Tech Six« bekannt. Wie der AMC 2,5 Liter-Vierzylinder, der als Basismotor blieb, war der neue Motor aus dem alternden 4,2-Liter-Motor entstanden. Die Vergaser-Version dieses Motors erfreute sich im Wrangler immer noch großer Beliebtheit. Der Power Tech hatte selbstverständlich Einspritzung.

Der 4 Liter hatte einige Komponenten mit dem 2,5 Liter gemeinsam: Brennräume, Kurbelwellenlager, Pleuel und Lager, Ölpumpe, Kolben, Kipphebel und Achsen. Beide hatten 97,8 mm Bohrung, der Sechszylinder aber 87,3 mm Hub gegenüber den 80,7 mm für den Vierzylinder.

Mit 173 PS leistete der 4 Liter 58 PS mehr als der 2,8 Liter V6, den er ersetzte. Er stemmte ein Drehmoment von 305 Newtonmetern, 103 mehr als der 2,8 Liter. Das Kraftpaket war gegen Aufpreis für alle Cherokee und Wagoneer lieferbar und erhöhte das Zuggewicht von 1900 auf 2270 Kilo. Früher eines der langsamsten Autos seiner Klasse, gehörte der Cherokee nun zu den schnellsten.

*Car and Driver* stufte mit Recht den 4 Liter als »das potenteste Triebwerk für Fahrzeuge dieser Art« ein. Die Zeitschrift stoppte das schwerste Modell, den Wagoneer Limited, mit 9,1 Sekunden (0-60 mph). Mit dem 2,8 Liter lagen die Zeiten meistens bei etwa 15 Sekunden. Die Viertelmeile schaffte die Luxusmaschine mit 17 Sekunden und 127 km/h, die erreichte Spitzengeschwindigkeit betrug 177 km/h.

Eher gemütliche Käufer hatten immer noch den 2,5 Liter-Vierzylinder zur

*Der neue Jeep Wrangler (rechts oben) debütierte am 13. Mai 1986. Ab der Haube war die Karosserie baugleich mit dem Vorgänger, aber unten drunter war das meiste neu. Alle Blechteile waren verzinkt, und mit dem Stoffverdeck kamen halbe Stahlblechtüren, zum Hardtop wurden ganze Türen gereicht. Im ersten Modelljahr gab es vier Ausstattungen: Base, Laredo, S und Sahara.*
*AMC steckte mitten in den Vorarbeiten zu einem neuen Vierliter-Reihensechszylinder, als der Wagoneer (rechts Mitte) vorgestellt wurde, aber erst 1987 unter Chrysler kam er zum Einsatz. Der Motor schaffte die XJ-Modelle von Null auf 60 mph in weniger als 10 Sekunden und erhöhte die Anhängelast auf 2270 kg. Die Leistung betrug 147 PS bei 4500 Umdrehungen, das Drehmoment von 304 Newtonmeter lag bei 2500/min an. Auf diversen Shows präsentierte Chrysler 1987 den Thunderchief (rechts unten). Er basierte auf dem Comanche, hatte aber eine aggressivere Optik und einen Kühlergrill, der erst Jahre später mit dem Grand Cherokee erschien.*

Jeep

Auswahl. Er besaß noch mechanische Unterbrecher, bekam aber vier zusätzliche PS, jetzt 121 insgesamt. Der Renault 2,1 Liter-Vierzylinder Turbodiesel blieb ebenfalls im Programm, allerdings nicht für Kalifornien.

Ausgerechnet in JAhr der Übernahme durch Chrysler brachte Jeep eine neue Vierstufen-Automatik, die nicht von Chryslser stammte. Das neue Räderwerk war eine Gemeinschaftsentwicklung von Aisin in Japan und Warner Gear in den USA und steuerte die Schaltung elektronisch, dazu kam ein Overdrive mit 0,71:1. Ein Schalter auf dem Armaturenbrett erlaubte dem Fahrer die Wahl zwischen den Stufen Komfort oder Power. Die zweite Alternative schaltete erst bei höheren Drehzahlen hoch und früher wieder runter. Ein schnelleres Ansprechen auf die Stellung des Gaspedals war ein weiterer Vorteil. Komfort taugte für gemütliches Fahrverhalten und weniger Verbrauch.

Dieses Getriebe war Basis bei allen Wagoneer, lediglich beim Cherokee kostete es extra. Serienmäßig war dort das manuelle Fünfganggetriebe, das auch für die Basis-Modelle des Wagoneer erhältlich war, dann mit Preisabschlag.

Mit dem Selec-Trac bekam der Käufer auch ein neues Verteilergetriebe, wobei sämtliche Kontrollfunktionen sich nun in einem Schalthebel fanden. Damit verschwanden die ganzen Schalter für Zwei- und Allradbetrieb vom Armaturenbrett.

Die Verbesserungen stießen allseits auf Zustimmung. *Consumer Guide* schrieb, mit dem »Sechszylinder und der neuen Vierstufen-Automatik jagte ein voll beladener Cherokee steile Steigungen hoch, schnappte in den Bergen nicht nach Luft und sauste leise im Overdrive die Straße entlang«.

Dem Comanche Pickup wurde eine Version mit kürzerer Ladefläche, 287 cm Radstand und einen 1,8 Meter langen Kastenaufsatz zur Seite gestellt. Zur Auswahl stand der Power Tech-Sechszylinder und die Vierstufen-Automatik. Der Selec-Trac verschwand allerdings und der Allrad-Comanche mußte sich mit dem einfacheren Command-Trac begnügen, Allradeinsätze auf befestigten Straßen waren also nicht möglich.

Der Grand Wagoneer mußte seinen 4,2 Liter abgeben, Serie war jetzt der AMC 5,9-Liter-V8. Er hatte 144 PS und Doppelvergaser. Der zwei Tonnen schwere Wagen war auf der Straße rauh und ruppig, seine Stärke war der Geländeeinsatz. Mit 387 Newtonmeter Drehmoment bei geringen 1500 Umdrehungen hatte der V8 genug Muskeln, um auch schwerstes Geläuf zu bewältigen. Und die Sprintdistanz von null auf 60 mph absolvierte er in 13 Sekunden.

Und Jeep beteiligte sich wieder an Wettbewerben, dank einer Finanzspritze der Chrysler Marketing-Abteilung. Sechs vollgesponserte Fahrzeuge fuhren bei drei Rennserien mit. Die Brüder Archer gewannen mit Jeep Comanche die Hersteller-Wertung in der SCCA Racetruck Challenge und Mike Lesle, ebenfalls auf Comanche, den Titel in der HDRA/Score Wüsten-Rennserie.

In jenem Jahr, als der Pkw-Verkauf elf Prozent zurückging, stieg der Verkauf von Trucks um 1,4 Prozent. Jeep verbesserte sich im Folgejahr 1987 um weniger als ein Prozent, wäre aber ohne Cherokee/Wagoneer und Comanche bereits im Rückwärtsgang: Wrangler und Grand Wagoneer gingen zurück, doch Cherokee und Wagoneer fanden 124.184 Käufer, drei Prozent mehr als 1986. Der Comanche-Verkauf erreichte mit 38.094 Einheiten seine Höchstmarke.

Chrysler stieg gerade ein, als in diesem Marktsegment die Karten neu gemischt wurden. Chevrolets S10 Blazer war noch mit 153.000 Stück das Maß aller Dinge, aber dahinter schickte sich das Duo

***Comanche und Cherokee bekamen für 1988 einen neuen Grill mit acht Stegen (rechts oben). Die Laredo-Ausführung war nur für die Pickups mit kurzem Radstand erhältlich. In jenem Jahr fing Chrysler an, Ausstattungspakete zu schnüren, die einen echten Preisvorteil gegenüber der Einzelbestellung boten.***
***Außer als Basis, S, Laredo und Sahara präsentierte sich der Wrangler auch als Islander (rechts unten): Mit einer Reserveradhülle, der untergehenden Sonne auf Flanken und Haube vermittelte er Ferien-Feeling. Es gab außerdem vier verschiedene Lackalternativen, mehrere Instrumente und Komfortelemente.***

COMANCHE CHIEF

CHEROKEE CHIEF

JEEP-89